김 광 균

― 회화적 이미지와 낭만 정신의 조화 ―

김유중 저

건국대학교출판부

회화적 이미지와 낭만 정신의 조화

김 광 균

세계 작가 탐구(한국편) [007]

찍은날	2000년 12월 1일 초판 찍음
펴낸날	2000년 12월 11일 초판 펴냄
지은이	김 유 중
펴낸이	맹 원 재
펴낸곳	건국대학교출판부
	주 소: 143-701, 서울시 광진구 화양동 1번지
	전 화: 도서주문 (02)450-3893/FAX (02)457-7202
	편 집 실 (02) 450-3891~2
	등 록: 제 4-3 호(1971. 6. 21)
찍은곳	용지인쇄주식회사

값 6,000원

ⓒ 김유중, 2000

* 잘못 만들어진 책은 바꾸어 드립니다.
* 저자와의 협의하에 인지 첨부를 생략합니다.

ISBN 89-7107-266-0 04800
ISBN 89-7107-232-6 (세트)

김 광 균(金光均, 1914~1993)

1930년대 한국의 대표적인 모더니즘 시인의 한 사람이었던 그의 시는 대부분 상실 체험에 근거한 슬픔·외로움·고향·그리움 등이 그 기조를 이루고 있어, 혹자는 그를 '엘레지의 시인'이라고도 말한다.

1986년 4월, 성북동 집 마당에서

저자의 말

　내가 시인 김광균의 이름을 처음 접한 것은 아마도 중학교 1, 2학년 때가 아니었나 싶다. 시란 막연히 개인의 주관적인 감정의 자연스런 표출이라는 정도로만 감을 잡고 있었던 내게 〈추일서정〉이라는 시는 매우 독특한 느낌으로 다가왔다. 당시 국어 선생님을 통해 간접적으로 김광균과 그의 시가 지닌 특성에 대해 전해 들어야 했던 나는, 지금 생각하면 그 설명의 내용을 반이나마 제대로 이해하였던 것인지 모르겠다.
　그 후 고교를 거쳐 대학에서 국문학을 전공으로 택하면서 차츰 나는 그와 그의 문학에 대한 본격적인 지식을 쌓아 나갈 기회를 가지게 되었다. 〈설야〉와 〈와사등〉, 〈외인촌〉, 〈은수저〉, 〈시를 쓴다는 것이 이미 부질없고나〉 등 그가 남긴 한 편 한 편의 시를 접해 나갈 때마다 그의 시들은 감수성이 예민했던 그 시절 나의 가슴속에 묘한 파문을 불러일으키곤 했다. 그런 감상은 모더니즘 문학에 대한 인식의 확대와 더불어 구체화되었다고 볼 수 있을 것인데, 그와 더불어 일면 그의 시가 지닌 서정적이고 낭만적인 측면에도 관심이 갔던 것이 사실이다.
　그리고서 대학원 재학 말기에 학위 논문의 주제를 1930년대 모더니즘 문학으로 잡으면서, 부수적으로 그에 대한 이러저러한 자료들에 대해서도 접하게 되었다. 그 당시에는 결국 최종적으로 선택했던 학위 논문의 주제와는 일정 정도 거리가 있었던 까닭에 그에 관한 자료들을 활용할 기회를 갖지는 못했지만, 언젠가는 한 번쯤 김광균의 문학을 정식으로 다루어 보아야겠다고 마음을 먹게 된 것은 이 시기부터였다고 할 수 있다.

그런 점에서 본다면 2000년 들어서야 김광균에 대한 원고 집필에 본격 착수한 것은 상당히 때늦은 감이 없지 않다. 그간 모더니즘 분야에 대한 필자의 관심이 많이 바뀐 탓도 있겠으나, 보다 근본적인 것은 이후 그와 관련된 자료들을 추가로 접하게 되면서 처음 막연하게 생각했던 것과는 달리 본격적으로 그를 다룬다는 것이 결코 생각만큼 수월치만은 않은 과제라는 걸 깨닫게 되었기 때문이다. 그러한 어려움은 기존의 자료들에 대한 검토를 통해서도 여실히 드러났다. 우선 그를 다룬 글들은 많지만, 그 수에 비해 논의의 시각이나 범위가 은근히 편향되고 한정되어 있다는 것이 문제였다. 또 학문적인 각도에서 접근하자면, 그의 문학에 대한 논의는 방법론상으로 한계를 느낄 수밖에 없는 측면이 있는 것도 사실이다. 모더니즘에 관련된 논의와는 별도로, 근본적으로 그는 주제 의식을 선명히 하였다거나 치열한 문제 의식을 지닌 시인이라기보다는 시 그 자체를 사랑하고 그에 걸맞는 감각과 기법, 인식을 발견해 보고자 노력한 시인이었기 때문이다. 그럼에도 불구하고, 그의 삶과 문학을 실증적인 입장에서 총체적으로 접근하고 해설한 평전이나 기타 저작물이 그간 한 권도 없었다는 점은 그의 문학사적 위상을 고려해 볼 때 의외이기까지 했다. 이와 같은 사실은 이제 새로이 그를 거론한다는 것이 오히려 더 까다로울 수도 있는 문제라는 것을 의미한다.

처음 이 책의 집필을 의뢰받고서 다음과 같은 사항들을 기준삼아 정리해 보리라고 마음먹었다.

우선, 이 책은 전문적인 학술서라기보다는 교양 위주의 해설서의 성격을 지니는바, 국문학에 대해 어느 정도의 기초적인 지식과 소양을 지닌 독자라면 어렵지 않게 그 의미를 파악할 수 있는 수준에서 정리되어야 한다는 점을 가장 중시하였다. 좀더 구체적으로 말한다면 대학 문과의 3, 4학년생들을 그 주대상으로 설정하였다고 할 수 있다.

둘째, 새로운 이론이나 방법론을 적용시키려는 시도는 본래의 편집 의도상 가급적 삼갔으며, 다만 기존의 논의에서 충분히 조명되지 못하였다거나 조리 있게 해명되지 못하였다고 판단된 부분에 대해서만 한정된 범위 내에서 필자의 견해를 추가하였다. 그리고 그런 경우라 할지라도 단정적인 어휘를 피하고 문의 전후에 필자의 사견임을 분명히 함으로써 만에 하나 있을지 모를 혼란의 여지를 없애고자 노력하였다. 따라서 대부분의 경우 이 책의 내용은 기존의 자료들을 충실하게 소화하여 재정리한 데 주안점을 둔 것이라고 말할 수 있다.

셋째, 시인 김광균의 전반적인 면을 다루었으되 논의의 초점은 주로 그의 해방 이전의 활동, 특히 1930년대 활동 부분에 두었다. 이는 무엇보다도 이 시기 그의 활동이 가장 활발하였을 뿐만 아니라, 동시에 문학사적으로도 가장 큰 의미가 있기 때문이다. 영미 이미지즘 계열의 모더니즘적인 성향의 시들을 주로 발표하였던 그는 당대의 비평가들로부터 일찌감치 주목의 대상이 되었다. 또한 그에 의해 발표되었던 시들 가운데 상당수는 이 시기 모더니즘 시문학의 일반적인 수준을 가늠하는 척도 역할을 하였던 것이 사실이다. 필자 역시 이런 점들을 고려하여 활동이 뜸하였던 해방 이후보다는 그 이전의 사실에 대해 중점적으로 거론하였다.

이 책을 집필하는 과정에서 주위 많은 분들의 크고 작은 도움을 받았다. 이 자리를 빌려 그분들께 감사의 말씀을 전하고자 한다. 귀중한 사진 자료들을 선뜻 내주어 게재토록 허락하신 장남 영종 씨 가족들의 배려와, 필자로선 결코 구하기 쉽지 않았을 몇몇 연구 자료들을 기꺼이 빌려 주신 동양공전의 이재오, 인천교대의 김창원 두 분 선배 교수님의 호의가 없었더라면 아마도 이 책은 빛을 보기 어려웠을는지도 모른다. 더불어 김광균 시인에 대한 연구와 출판의 기회를 주선해 주신 건국대의 김영철 교수님과 동 대학 출판부 주홍균 과장님 이하 관계자 여러분들께도 지면상으로나마 대신 감사의 인사를 드린다.

벌써 가을이 성큼 다가선 모양이다. 창가로 내다보이는 바깥의 모습을 보니 노르스름하게 물들어 가는 은행나무와 어느덧 붉은 빛을 더해 가는 단풍잎이 오는 계절의 발걸음을 재촉하는 듯하다. 해질녘, 황혼을 배경으로 바라보는 그 풍경은 그대로 한 폭의 그림이다. 유달리 황혼을 그리워했던 시인 김광균을 위해, 이 작은 책을 바친다.

2000년 10월
노을이 아름다운 고장, 논산에서
저자 씀

차 례

■ 저자의 말 / 5

1. 김광균 문학 이해의 길 ——— 13
    (1) 기존 논의의 검토 · 13
    (2) 이해의 방향 설정 · 20

2. 작가 의식의 형성 과정 ——— 25
    (1) 생애와 가족 관계 · 25
    (2) 문단 내외의 관계 · 39

3. 시세계의 특색 ——— 55
    (1) 낭만적 감상성 · 55

(2) 회화적 이미지와 언어 조형력·75
(3) 현대 문명에 대한 태도·99

4. 대표시 작품 분석 ——— **129**

(1) 〈와사등〉·129
(2) 〈설야〉·139
(3) 〈추일서정〉·147
■ 보론:〈와사등〉에 나타난
시어 '차단—한'의 의미에 대하여·153

5. 문학사적 위상 ——— **163**

■ 연보 및 연구자료 / 171

김 광 균

회화적 이미지와 낭만 정신의 조화

1

김광균 문학 이해의 길

(1) 기존 논의의 검토

1930년대 한국의 대표적인 모더니즘 시인을 꼽으라면 대개의 경우 우리는 정지용, 김기림 등과 더불어 김광균의 이름을 선뜻 떠올릴 것이다. 그는 회화적 이미지에 도회적 감각과 낭만적 서정성을 가미한 독특한 시풍으로 우리 근대 시사의 한 정점을 구축한 시인이었다. 그의 시에 나타난 감각적 이미지의 세계는 한국 이미지즘 시의 한 전범으로서 줄곧 많은 일반 독자들의 사랑을 받아 왔으며, 이 후로도 대학을 중심으로 한 다수 연구진들의 집중적인 논의 대상이 되어 왔다. 물론 이러한 학내외의 관심이 항상 찬사 일변도로 이어졌던 것만은 아니며, 경우에 따라서는 다소 가혹하다 싶을 정도의 비판이 가해진 바도 있다. 그럼에도 불구하고, 분명한 것은 어느 측에서든 그의 시에 대한 평가가 바로 당대 한국 모더니즘 시의 수준을 가늠하는 한 척도로 받아들여져 왔다는 사실이다.

이제까지 밝혀진 바에 의하면, 김광균 시에 대한 최초의 언급은 1938년 이병각1)에 의한 것으로 조사되고 있다. 그는 김광균의 시 〈황혼에 서서〉를 한 예로 들어, 그의 시에 대해 '향수 의식에는 철저하지 못하나 풍경 스케치에 성공한 소시민적 향수의 시'라고 간단히 평가한다. 그의 언급은 비록 질적·양적으로 충분한 것은 못 되지만, 김광균 시에 나타난 회화성과 소시민적 애상성을 적절하게 지적하였다는 점에서 주목할 만한 여지를 남긴다.

이후, 보다 체계적인 접근을 시도한 이로는 김기림2)을 들 수 있을 것이다. 그는 김광균이 '현대의 방언'을 구사할 줄 아는 시인이며, 특히 시에 나타난 회화성에 주목하여 '소리조차를 모양으로 번역하는 기이한 재주를 가졌다'라고 고평한다. 이러한 언급은 당대의 대표적인 모더니즘 시론가인 김기림에 의해 나온 것이라는 점, 그리고 이후 김광균의 시작에 김기림이 상당한 영향력을 미쳤다는 점 등을 염두에 둘 때 적지 않은 비중을 지닌다.

이러한 인식을 기초로 하여, 해방 이후 우리 주변에서는 그간 크고 작은 김광균론들이 꾸준히 쓰여져 왔다. 이 가운데 일단 단편적이거나 비체계적인 것들을 제외하고 이들을 유형별로 묶어 간추려 본다면, 크게 ① 문학사적 관점을 강조한 경우, ② 문예 사조적 측면을 앞세운 경우, ③ 시 자체의 구조적 측면의 해명에 중점을 둔 경우, ④ 방법론적 접근에 비중을 둔 경우 등으로 분류가 가능할 것이다.*

1) 문학사적 관점

먼저 문학사적 관점에서 김광균의 문학을 바라본 경우는 비교적 초기 단계의 논의들에서 많이 발견된다.

백철[3]은 그의 문학사에서 김광균을 김기림 시론의 영향을 받은 당대의 대표적인 모더니즘 시인으로 지목하면서, 특히 그의 시에 나타난 회화적 감각에 대해 각별한 주의를 기울인다. 여기서 그는 김광균의 시가 풍경을 시화하는 데 그친 것이 아니라 모든 무형적인 것, 예컨대 황혼이나 노랫소리, 심지어는 사람의 의식까지도 유형적인 것으로 바꾸어 놓는 일종의 연형법(鍊形法)을 구사하고 있음을 지적한다. 그리고 이와 같은 표현법은 종래의 청각적인 시의 형태로부터 근대의 시각적인 시의 형태로 서서히 이월해 가는 과정에서 우리 시단에 제출된 가장 확실한 성과인 양 기술하고 있다.

조연현[4] 역시 김광균의 활동 양상을 비중 있게 다루었다. 그는 특히 '주지주의는 주로 최재서에 의해 소개되고, 김기림에 의해 주장되고 김광균에 의해 실천된 모더니즘 운동'이라고 규정함으로써 김광균을 1930년대 모더니즘 시운동의 대표적인 실천자로 평가한다.

정태용[5]의 경우는 김광균 시의 애상적 서정성이 전통적인 데 맥이 닿아 있다는 사실을 거론하면서 이를 망국의 한과 관

---

* 물론 이러한 분류는 명확하게 제시되어 나타나는 것이라기보다는, 어느 정도까지는 일정 부분 중첩되어 등장하는 것이 일반적이다. 따라서 이와 같은 분류의 기준은 정도의 차이에 따른 것이며, 아울러 설명의 편의를 위한 것이라는 점을 미리 밝혀 둔다.

련된 민족의 비애와 연관시킨다. 그에 따르면 김광균은 서구의 모더니즘 기법을 우리의 서정성으로 승화시키는 데 성공한 시인으로, 당대의 모더니즘 시인 중 '지용의 시가 우리적인 서정성보다는 감각어의 발굴에 중심을 두었다고 하면 광균은 그 감각어를 우리의 전통적 서정성으로 승화시키는 방향에서 언어를 다듬었다'고 기술한다.

2) 문예 사조적 관점

이와는 달리 서구의 이미지즘, 또는 모더니즘 이론과의 대비적 고찰을 통하여 문예 사조적 입장에서 접근한 연구물들도 다수 발견된다.

장윤익[6]은 1930년대 우리 시단의 모더니즘의 주된 양대 조류를 주지주의와 이미지즘으로 구분하고 이 가운데 김광균을 '이미지즘의 폭과 질을 높여 준 시인'이라 정의한다.

김은전[7]은 김광균의 시풍과 방법에 대해 제재, 수법, 이미저리라는 세 가지 차원에서 소상하게 분석을 시도한다. 이를 통해 그는 첫째, 김광균의 시에 나타난 오브제는 서구 편향적인 경향이 짙으며, 동시에 이들 오브제간에 유기적인 관련이 부족하여 마치 정지된 상태의 풍경화를 보는 듯한 느낌을 준다는 점, 둘째, 공감각의 활용과 상모적(相貌的) 지각(physiognomic perception)의 발달은 프랑스 상징주의의 영향으로 생각해 볼 수 있다는 점, 셋째, 외적으로 객관적 서경시임에도 내면적 정조를 밑바탕에 함유하고 있는 정서 상징(emotional symbol)으로서의 이미지 구사에 능했다는 점 등을 밝혀 낸다.

박철희[8]는 김광균 시의 인공적, 작위적 성격에 관심을 기울이면서 그의 시에 드러난 이미지가 정서적 분위기의 환기에 치중하고 있음을 지적하며 이에 대해 '감정의 풍경화'라는 진단을 내린다. 특히 시 속에 드러난 공간성에 대한 관심과 영미의 대표적인 모더니즘 시인인 흄(T. E. Hulme), 파운드(E. Pound), 엘리엇(T. S. Eliot) 등의 영향에 의한 타설(他說)적 방식의 전개 양상을 중시하는 태도를 취한다.

3) 구조적 특성 해명

위에서의 작업들을 토대로 하여, 김광균에 대한 논의는 그의 시 내부에 나타난 구조적인 특성을 밝혀 보려는 여러 시도들로 이어지는데, 그 가운데 대표적인 것들로는 문덕수, 김재홍, 박진환, 김창원 등의 연구를 들 수 있다.

문덕수[9]는 김광균 시의 특질로 현재와 과거(혹은 현장 공간과 회상 공간), 자연과 문명(혹은 지리적으로 단절된 두 공간) 사이의 이원적 구조를 들며, 이들 양자 사이의 긴장 관계는 모더니즘 특유의 불연속적 실재관에 의거하고 있다고 보기에는 너무도 단순하다고 평가한다.

김재홍[10]은 시 정신과 정서의 형질 면에서 김광균의 대표시들에 대해 차례로 집중 분석한다. 이러한 접근을 통해 그는 김광균의 모더니즘, 혹은 이미지즘에의 경사란 방법론적 탐구로서의 의미에 한정되며, 천성적으로 그는 지성을 앞세운 시인이라기보다는 감성적이며 낭만적 성향의 시인임을 지적한다.

박진환[11]은 김광균 시의 공간을 '정신적 내면 공간으로서의 사양 공간'과 '작위적 공간으로서의 회화 공간'의 이원 구조로 구분하며, 전자를 '도피와 피안의 공간'으로, 후자를 '구원의 공간'으로 의미를 부여함으로써 이제까지 이미지에만 매달려 온 공간성의 특성을 밝히는 데 힘쓴다.

김창원[12]은 김광균 시의 미학적 바탕을 소멸 의식으로 규정하고, 이와 같은 내적인 의미를 파악하기 위해 주의를 기울여야 할 중심 소재들로 황혼, 눈, 기차, 등불 등을 꼽는다. 그리고 한 걸음 더 나아가 김광균 특유의 소멸의 미학이 자리 잡게 된 근거로 그의 개인적 이력과 관련된 고향 상실과 주변인들의 죽음, 비극적 모성 정조 등을 지적한다.

4) 방법론적 접근

마지막으로 특정한 연구 방법론에 근거하여 김광균의 시 세계에 대한 접근을 시도한 경우로는 이사라, 이재오, 박태일, 김태진 등의 논의가 주목을 끈다.

이사라[13]는 현상학적 방법론을 원용하여 김광균 시에 나타난 이미지를 분석함으로써 그 속에 내재한 작가의 의식 세계를 들여다보려 하였다. 그는 김광균 시 의식의 출발을 '눈'으로 설정하는 한편, 이 눈의 현상적 이미지가 역동적인 물질적 상상력의 작용에 의해 여러 가지 다양한 형상으로 변용되어 등장하고 있음을 설명한다.

이재오[14]는 베버(J. P. Weber)의 주제 비평 방법에 의거하여 김광균의 시를 지배하고 있는 것이 '죽음'에 대한 강박 관념임을 지적하고, 이 강박 관념으로부터 존재의 소멸, 육신의 훼손,

생명, 장의 등 몇 가지 2차적인 주제들이 파생되며, 이들은 다시 제각각 다양한 소주제들로 분기됨을 설명한다.

박태일15)은 현상학적 공간 분석이라는 색다른 방법론을 동원하여 김광균의 문학 세계에 접근해 들어간다. 그에 따르면 김광균 시의 서정적 주체는 공간 현상학적으로 중심 상실, 장소 상실의 징후를 드러내고 있으며, 이로 인해 자아와 세계 사이에 간섭 환상 공간으로 지칭되는 '중천'에 머무르려는 독특한 지향성을 드러낸다. 그리고 이러한 중천의 서정은 개인 체험에서 비롯된 죽음이라는 순환론적 주제에 기대어 현실 속에서의 갈등과 긴장 등을 희석시키는 한편, 스스로의 실존적 공허와 맞닥뜨리지 않으려는 지향 의미를 지닌다는 것이다.

김태진16)은 기호론적 입장에서 새로운 접근을 시도한다. 구체적으로 그는 기호의 전달 면에서 김광균의 시가 청자 지향보다는 화자 지향이나 메시지 지향이 우세하며, 텍스트의 의미 작용이라는 측면에서 시적 주제가 드러내는 정조는 대부분 '슬픔', '그리움', '서러움' 등과 연계됨을 지적한다. 또한 결론적으로 그는 이러한 기호론적 분석의 결과 도출될 수 있는 것은 화자 곧 시인 자신의 어두운 내면 세계라고 진단한다.

물론, 이러한 논의들 외에도 특정 부분에 있어 김광균에 대한 보다 자세하고 세분화된 내용의 글은 여럿 있을 수 있다. 특히 1990년대 이후 두드러진 현상 가운데 하나는 각 대학의 대학원 과정 석박사 학위 논문들을 중심으로, 그에 대한 연구의 폭과 시각이 전보다 훨씬 다양해진 양상을 보인다는 사실이다.* 이러한 사실은 그의 문학이 지닌 매력과 아울러 문학사적 중요성에 대한 유력한 반증이 될 수 있을 것이다.

(2) 이해의 방향 설정

위의 부분에서 검토된 내용들을 기초로 김광균 문학의 특징적인 면들을 효과적으로 재정리하기 위해서는 다음과 같은 사항들을 고려에 넣어야 하리라고 본다.

1) 논의의 범위

우선 그가 남긴 적지 않은 양의 텍스트들 가운데 어느 부분을 보다 중점적으로 검토할 것인가 하는 문제가 대두될 수 있을 것이다.

작품 연보를 훑어보면 1926년 첫 시를 발표한 이후, 1990년 마지막 시를 세상에 발표하기까지 그의 시력은 거의 70년 가까이 되고 있음을 알 수 있다. 이처럼 오랜 기간 동안 시작 활동을 해오면서 초기에는 촉망받는 신진 모더니즘 시인으로, 그리고 이후 한국 문단의 원로로 일찍부터 존경받아 온 그였지만, 실질적으로 그가 경영 일선에서 활동한 1950년대 이후에 쓰여진 텍스트들은 질적·양적인 면에서 전작들에 비해 다소 빈약해 보이는 것이 사실이다. 뿐만 아니라 이 시기의 시들은 문학사적으로도 특별한 주목의 대상이 되지는 못한다. 그가 남긴

---

* 자세한 사항은 이 책의 끝 부분의 연구자료 목록을 참조할 것.

다섯 권의 시집 가운데 『추풍귀우』(1986)와 『임진화』(1989)에 수록된 텍스트들이 대부분 이 시기에 쓰여진 것들이다.

따라서 이 책에서는 주로 그가 활발하게 작품 활동을 전개하였던 시기에 발표되었던 제 1 시집 『와사등』(1939), 제 2 시집 『기항지』(1947), 제 3 시집 『황혼가』(1957)에 수록된 작품들을 위주로 거론하되, 필요하다고 판단될 시에는 후기의 두 시집에 수록된 시들과 기타 미수록 시들에 대해서도 간략히 언급하는 방식을 취하도록 한다.

한편, 그가 남긴 산문은 그의 개인 이력과 내면 세계를 알아보는 데 없어서는 안 될 귀중한 자료이다. 더불어 가족과 문단 내외의 인물들과의 관계가 그의 시작 활동에 직접, 간접으로 미친 영향에 대해서도 상당한 주의를 기울일 필요가 있으리라 본다. 특히 문집 『와우산』에 수록된 수필과 평론들의 경우 이러한 부분에 대한 이해에 적지 않은 도움을 줄 수 있을 것으로 기대된다.

2) 시 해석의 근본 방향

우선 그의 시가 이미지의 회화성을 강조한 일종의 이미지즘 계열의 시라는 점에 대해서는 별다른 이론의 여지가 없는 듯하다. 그러므로 그에 대한 기존의 논의가 넓게 보아 이미지즘과 모더니즘의 테두리 내에서 이루어진 것은 지극히 온당한 조치이다. 이 부분의 해명을 위해서는 그간 서구의 이미지즘 이론과의 비교 문학적 검토를 위시하여 당대 예술가들, 특히 시인, 화가들과의 관계에 대한 적지 않은 논의들이 있었으며 그 결과 상당한 성과가 축적되었다. 따라서 기존의 자료들에 나타난 사항들을 참고로 하여 이를 충실히 정리하는 것만으로도 충분하리라고 본다.

그러나 이와는 별도로 그의 텍스트 전편에 짙게 드리워진 애상적 정조와 감상성의 문제는 서구 이미지즘의 일반 이론과는 차이를 보이는 특징적인 국면이라 할 것이다. 이미 몇몇 논자들이 지적한 바대로 이 문제에의 접근을 위해서는 전통적인 정서와의 관련성뿐 아니라 그의 개인적인 기질 및 이력과 연결된 논의가 자연스럽게 이루어져야 하리라고 본다. 아울러 그간의 논의에서 이 문제를 당시의 국내외 정세나 시대 상황과 관련시켜 치밀하게 논의한 예도 있다. 이 경우는 물론 일부 그 관련성이 입증되기도 하나, 대개의 경우 뚜렷한 내적 근거를 확보하기가 쉽지 않은 데다가 자칫 논의의 범위를 무리하게 확대할 시에는 그에 따른 부작용도 적지 않을 것으로 판단되므로 이와 연관된 내용은 한정된 범위 내에서만 거론키로 한다.

3) 구조적 문제들

구조적인 측면에서는 그의 시에 나타난 이원적 인식과 구도에 대한 체계화된 접근이 필요하리라 생각된다. 서구적이며 도회적인 감각을 선호한 것만큼이나 유년 시절과 고향에 대한 진한 향수가 배어 있는 것이 그의 시이고 보면, 이러한 모순된 태도나 감정들이 어떤 방식으로 조화를 이루고 균형을 모색하고 있는지에 대한 논의가 마땅히 뒤따라야 할 것이기 때문이다. 근대 문명을 대하는 그의 상반된 감정과 태도, 즉 그것에게

서부터 느끼는 매혹과, 끊임없는 거리감 내지 소외감은 따로 분리하여 논의하기 어려운 면이 있다. 이 부분에의 무리 없는 접근을 위해서는 도시를 중심으로 이루어진 근대 문명의 본질에 대한 깊이 있는 인식이 전제되지 않으면 안 된다. 기본적으로 이 문제는 모더니즘적인 사유와의 비교를 통해 접근해 들어가야 할 것이므로 이 부분에 대한 해명을 위해서는 모더니즘 원론에 대한 깊이 있는 이해와 함께, 시와 비평, 수필을 포함한 그의 전 텍스트들을 대상으로 꼼꼼한 비교 검토가 요구된다.

4) 대표시 분석

김광균의 문학사적 위상은 1930년대 모더니즘 시문학과의 관련 여부를 떠나서는 생각할 수 없을 것이므로 이 책에서도 주로 이 시기에 쓰여진 모더니즘 계열의 작품들을 위주로 대표작을 선정, 다루려고 한다. 구체적으로는 시집 『와사등』에 수록된 〈와사등〉과 〈설야〉, 시집 『기항지』에 수록된 〈추일서정〉으로 논의 대상을 정한다.

2 작가 의식의 형성 과정

(1) 생애와 가족 관계

1) 출생과 행복했던 유년기

알려진 바와 같이 1914년 1월 19일, 김광균은 경기도 개성*에서 3남 3녀의 장남으로 태어났다.

그의 집안은 본시 체면을 중시하는 양반 출신이었으나, 부친 김창훈이 모친 한씨와 더불어 집안의 곤궁함을 덜기 위해 상업계로 진출하면서, 일체의 허식을 벗어버리고 실리를 중시한 결과 당시로서는 거부라고 할 정도의 상당한 재산을 모으게 되었다. 부친은 일찍부터 상투를 자르고 상업에 종사하며 교회에 나가는 등, 시대의 흐름을 읽고 변화의 물결을 탈 줄 아는 능동적인 생활인이었다.

---

* 정확한 출생지는 경기도 개성시 원종동 396번지이다.

그런 부친이 남대문 근처에서 포목 도매상을 크게 벌였던 관계로, 어린 시절 김광균은 비교적 유복한 환경 속에서 별 고생 없이 자랐던 것으로 보인다. 이처럼 넉넉한 살림살이 덕분이기도 했겠지만, 아무튼 유년 시절의 그는 예민한 감수성을 지닌, 꿈 많고 호기심 많은 소년이었다.

2) 부친의 죽음, 고난의 청소년기

그가 열두 살 되던 해인 1925년, 그의 부친이 갑자기 중풍으로 쓰러지면서 행복했던 그의 유년 시절도 종지부를 찍게 된다. 섣달 추운 날씨에 서울로 급히 보낸 점원이 밤이 깊어도 돌아오지 않는 것을 가게에서 근심스럽게 기다리고 있다가 일을 당한 것이다. 한약과 양약을 번갈아 써보고 굿을 하여보아도 별 차도가 없다가, 쓰러진 지 열 이틀 만에 유언 한마디 남기지 못하고 그의 부친은 그만 이 세상을 하직하고 만다.[17)]

부친의 갑작스런 죽음으로 인한 정신적 충격으로부터 미처 헤어나기도 전에, 그는 안타깝게도 집안의 경제적인 몰락을 어머니의 곁에서 지켜볼 수밖에 없는 처지가 되었다. 부친이 그간 사업상 진 빚을 청산하기 위해 상점과 살던 집을 포함한 전 재산을 채권단에게 내주어야 했던 까닭이다.

심지어는 채권단으로부터 고인의 자식이 후일 자라서 돈을 벌어 부친의 채무를 청산하겠다는 것을 적은 각서까지 요구받는다. 그의 어머니는 이 때 어린 김광균의 손을 이끌고 추운 섣달 꼬박 닷새 동안을 집 밖에 서서 애원한 끝에 마침내 채권단으로부터 더 이상 부친의 채무에 대해서는 자식에게 책임을 지우지 않겠다는 한 쪽의 불망기를 얻어낸다. 이 당시의 사정을 후일 김광균은 다음과 같이 기술하고 있다.

아버님이 진 빚이 많아 빚 받을 사람들이 채권단을 만든 후에 상점에 있는 물건과 돈은 물론 우리가 살던 동부(東部) 집도 가져가 버렸다. 그 후에 채권단에서는 고인(故人)의 자식이 후일 자라서 돈을 벌어 부친의 부채를 갚겠다는 문서를 써내라 하여 어머님은 나를 데리고 채권단이 모여 있는 '하게먹집'에 가서 자라는 호박에 말뚝을 박는 일만은 참아 달라고 애원을 하였으나 채권단이 들어주질 않았다.
상복을 입은 젊은 과부가 된 어머님이 어린 나의 손을 이끌고 '하게먹집' 추녀끝에서 추운 섣달에 꼬박 닷새를 서서 한발도 움직이지 않으셨다. 닷새 후에 채권단에서는 '불망기(不忘記)'라는 것을 어머님에게 써주었는데, 자식이 자라서도 부친의 부채에는 책임이 없다는 뜻이 씌어 있었고 여러 사람의 이름과 도장이 찍혀 있었다.18)

그러나 사정은 아랑곳없이, 이 때를 기점으로 당장의 끼니를 걱정하지 않으면 안 되는 오랜 고난의 날들이 이어졌다.

3) 상업학교 진학과 문학을 향한 열정

어려운 가운데서도 그는 보통학교를 졸업하고 개성에 있는 송도상업학교에 입학하게 된다. 어릴 적부터 유달리 감수성이 예민하였고 문학에 관심이 많았던 그는 이 무렵 처음 자신을 세상에 알릴 기회를 얻게 된다. 중앙 일간지인 ≪중외일보≫에 〈가신 누님〉(1926)이라는 시를 기고하여 발표하게 된 것이다.

2. 작가 의식의 형성 과정

이 때 그의 나이가 불과 13세였으니 아직은 어리다고밖에 할 수 없는 나이였다.

이후 졸업 때까지 그는 간간이 《동아일보》를 비롯한 중앙 일간지 몇 곳과 기타 잡지 등에 자신의 글을 발표하며 문학을 향한 정열을 쌓아 간다.

4) 취직, 결혼, 군산에서의 생활

1932년 상업학교를 졸업한 김광균은 이듬해인 1933년 경성고무공업주식회사의 사원으로 취직이 되어 10월에 군산 공장 근무를 위해 내려가게 된다. 풍족하다고는 할 수 없겠지만, 취직과 더불어 이제 어느 정도 생활의 질서와 기반을 되찾게 된 것이다.

군산 근무시에 그는 자신에게 주어진 회사 업무를 처리하면서, 시간을 쪼개어 더욱 시작에 몰두하게 된다. 그리고 그 결과, 주로 중앙 일간지를 중심으로 연이어 자작시를 발표할 기회를 얻게 되었던 것이다. 이 때부터 그는 이미 문단에서 기성 시인의 대우를 받았다고 생각되는데, 이러한 그의 발빠른 행보는 이후 그가 정식 등단 절차를 거쳐 문단에 진입하려 하는 데에는 다소간의 걸림돌로 작용했을는지도 모른다.

이즈음에 이르러 결혼도 하게 된다. 22세 되던 1935년 그는 함경남도 이원 출신의 신부 김선희(당 20세)를 만나 결혼하고, 공장 일은 잠시 접어둔 채 고향인 개성으로 올라와 몇 달 동안 그 곳에서 신혼 생활에 들어가게 된 것이다. 개성에서 서너 달 보낸 이후 그는 다시 아내를 데리고 원근무지인 군산으로 내려가 공장에 복귀한다. 이 시기 이미 그는 점점 더해 가는 문학에의 열정과 더불어, 틀에 얽매인 직장 생활에 어느 정도 염증을 느꼈을 수도 있다. 전체적으로 보았을 때 군산에서의 시기는 그의 인생의 중요한 전환점이라 할 수 있다.

5) 서울 상경, 그리고 시작 활동의 절정기

그가 회사로부터 서울 본사 근무를 명받고 군산에서의 생활을 정리하여 올라온 것은 1936년 봄의 일이다.

처음 다옥동에서 혼자 하숙을 하던 그는 어느 정도 기반이 서자 곧 군산에 있던 부인을 불러온다. 그 무렵 그는 김기림과 오장환, 서정주, 함형수 등을 자주 만나며 교유하게 되고, 서서히 문단의 중심부로 진입하게 된다.

1930년대 한국의 대표적인 모더니즘 시인으로 손꼽을 수 있는 김기림

1938년 초 조선일보 신춘문예에 그의 투고작 〈설야〉가 시 부문 당선작으로 선정됨으로써, 그는 마침내 오랜 숙원이었던 정식 등단의 절차를 밟게 된다. 이미 오래 전부터 문단 내외에서 기성의 대우를 받고 있던 터였으나, 그로서는 반드시 제대로 된 검증의 기회를 갖고 싶었던 때문인 것으로 보인다.

1937년 이용희, 이성범, 오장환과 함께(앞줄 왼쪽이 김광균)

이 시기를 전후하여 그는 다니던 회사에 사표를 제출하고 본격적인 시인의 길로 들어서게 된다. 마침 회사에서 퇴직금으로 당시로서는 거금이랄 수 있는 1만원 가량을 수령할 수 있어서, 이 돈으로 밀렸던 집안의 빚을 청산하였던 것으로 알려진다. 이후 계동에 정식으로 집을 마련하여 어머니와 가족들을 서울로 불러오는 한편, 남은 돈 일부는 사업을 하던 동생에게 대주어 가족들을 부양하게 하고 자신은 본격적으로 시작에 몰두하게 된다.

이후 일제 말기와 해방기를 거치는 동안은 그의 창작 활동의 절정기로서, 〈와사등〉, 〈뎃상〉, 〈추일서정〉, 〈은수저〉, 〈황혼가〉 등 지금까지 우리가 그의 대표작들로 거론하고 있는 거의 대부분의 텍스트들은 바로 이 시기 동안에 발표되었던 것들임을 알 수 있다.

6) 동생의 납북과 사업가로의 변신

시인으로서의 이러한 절정의 삶도 그러나 오래 지속되지는 못한다. 6·25 전쟁이 발발하자 수도 서울은 단 3일 만에 맥없이 함락되고, 이어 사업을 하던 그의 동생 익균이 정치보위부에 끌려가 갖은 고초를 겪고 서대문 감옥에 갇히는 신세가 되었던 것이다. 9·28 서울 수복이 있기까지 그는 가족들을 돌보며 동생의 석방을 위해 사방으로 뛰어다니며 노력하였다. 그러나 끝내 동생은 패주하는 북한군들에 의해 북으로 끌려가서는 이후 다시 만나볼 길이 없게 되었다.

> 그리고 10년 후(十年後)에 6·25(六·二五)가 왔다.
> 동생 익균(益均)은 정치보위부(政治保衛部)가 잡으러 다녀 장안을 숨어 다녔고 나는 집에서 혼자 가족(家族)을 거느리며 자전차(自轉車)를 끌고 쌀도 사러 다니느라 꼼짝 못하였고 9·28(九·二八)이 될 때까지 하루도 옷을 벗고 잔 일이 없다. 동생은 끝내 보위부(保衛部)에 끌려가 서대문(西大門) 감옥에 갇혀 있다가 UN군(軍)이 인천 상륙(仁川上陸)한 다음날 새벽에 납북(拉北)되어 갔다는 소식을 한 감방에 있다가 풀려나온 잡범(雜犯)이 알려 주었다. 그 사람 편에 동생은 "끌려가도 죽지 않고 살아 있을 터이니 뵈올 때까지 안녕히 계십시오." 하는 쪽지를 보내와 그 쪽지를 받아보신 어머님은 밤새 우셨다.[19]

동생의 납북은 그의 생활에도 적지 않은 변화를 몰고 왔다. 무엇보다도 다시 집안을 책임지지 않을 수 없게 된 그는 동생이 경영하던 사업체를 인수하여 경영에 힘쓰며 시인에서 사업가로의 변신을 시도한다. 끊임없는 그의 노력 덕분으로 이러한 변신은 성공적인 결과를 가져왔다.

이후 그는 6, 70년대 고도 성장기에 자신의 사업체를 더욱 확장하는 한편, 우리 나라를 대표하는 기업인으로서 국제상위 한국위원회 감사와 한일경제특위 상임위원, 그리고 무역협회 부회장 등과 같은 굵직한 직책들을 차례대로 맡게 된다.

7) 모친의 사망

1961년, 오래도록 병마에 시달리던 그의 모친이 마침내 세상을 떠나고 만다. 부친 사망 이후 줄곧 고생하신 어머니를 곁에서 지켜보아 왔던 그로서는 대단한 충격과 비탄에 잠기지 않을 수 없었을 것이다.

이 때의 심정을 그는 훗날 자신의 문집 『와우산(臥牛山)』과 시집 『추풍귀우(秋風鬼雨)』의 말미에 비교적 소상하게 기록해 놓고 있다.

> 병환이 나신 후 17년(十七年)이란 세월(歲月)이 지났다. 5·16(五·一六)이 나던 해 현충일 날 아침에 갈 때가 됐다고 새옷을 꺼내라 하시어 갈아입으시고 우리들을 머리맡에 부르시더니 눈물 한 방울 흘리지 않으시며 한 사람 한 사람에게 잘 있으라는 말씀을 마치시고 이내 숨을 거두시었다.

닷새 후에 북한산성 지난 와우산(臥牛山)에서 어머님과 나는 마지막 작별을 하였다.20)

 1961년(一九六一年) 6월(六月) 6일(六日) 아침, 경운동(慶雲洞) 집 마루에서 나는 누런 상복(喪服)을 입고 앉아 심히 당황하였다.
 47년(四十七年) 동안 조석(朝夕)으로 모시던 어머님이 집안 아무 곳에도 보이지 않는 것이다. 어머님은 그날 아침, 열네 해 동안 누워 계시던 오랜 병상(病床)에서 숨을 거두시었다.
 (중략)

 5일 상(五日喪)이 끝나고 장례(葬禮) 날이 와서 어머님의 와구(臥驅)가 경운동 집 중문(中門)을 지나 영구차가 구파발에 닿을 때까지 눈앞에 눈물이 가려 아무 것도 보이지 않았다.21)

1976년 9월, 손자를 무릎에 앉힌 부인과 함께 한 모습

2. 작가 의식의 형성 과정

8) 경영 일선에서의 은퇴와 문단 복귀

동생의 납북 이후 거의 중단되다시피 했던 그의 문단 활동은 1984년 『현대문학』지에 〈야반〉 등 6편의 시를 발표하면서 비로소 재개된다. 이 시기에 그는 자신의 건강에 다소 이상이 생겼음을 느끼고, 경영하던 사업체를 아들에게 물려주며 경영 일선에서 은퇴한다.

이 일을 계기로 얼마간 여유를 되찾은 그는 그 후 이듬해인 1985년에는 문단의 원로들의 모임인 『회귀』 동인으로 참여하여 다시금 본격적으로 창작에 힘을 기울인다. 제4시집인 『추풍귀우』(1986)가 발간된 것도 이 무렵의 일이다.

그의 나이 75세 되던 1988년, 뇌혈전증 증세로 한 차례 서울대병원에 입원했던 그는 약 5개월여에 걸친 투병 기간을 거쳐 얼마간 건강이 회복되는 듯 보였다. 김기림기념사업회 회장을 맡아보는 한편, 그간의 문예 활동의 업적과 공로를 인정받아 1989년 정부로부터 은관문화훈장을 수여받기도 하였다. 1990년에는 시 〈해변가의 무덤〉(1988년 작)으로 제2회 정지용 문학상을 수상한다.

평소 종교에는 별로 관심을 가지지 않았던 것으로 알려져 있었으나, 투병 기간 중 평소 친분이 있었던 천주교 춘천교구장인 장익 주교의 권유에 의해 가톨릭에 입문하게 된다.

1989년 9월 16일 명동성당에서 영세를 받게 되었는데, 이 당시 대부는 오랜 친구인 시인 구상이 맡았다. 그 해에 그로서는 생전의 마지막인 제5시집 『임진화』를 출간하였다.

1984년 10월 28일, 한중작가회의(호텔 신라에서)

1985년 2월 22일, 수주(樹州)기념사업회 준비 모임(YMCA 자원방에서)

2. 작가 의식의 형성 과정

1985년 3월 26일, 황순원 선생 고희 출판기념회에서(가운데)

1985년 12월 9일, 문인들과 함께 한 경주 여행
(왼쪽으로부터 구상, 정비석, 김광균, 박두진)

◀

1986년 4월 27일, 남원에서
(왼쪽으로부터 정비석, 김광균, 구상, 홍성유)

1986년 9월 29일, 제4시집 『추풍귀우』 출판기념회(백리향에서)

2. 작가 의식의 형성 과정

1987년, 『회귀』 동인 회식

1988년 5월 13일, 월정사에서(왼쪽에서부터 구상, 정비석, 김광균)

9) 사 망

1993년 11월 23일, 그는 결국 악화된 건강을 이겨내지 못하고 80세의 일기로 이 세상을 하직하고 만다. 그의 유해는 평소의 뜻을 따라 경기도 고양군 신도면 지추리(현, 경기도 고양시 지축동)에 소재하는 와우산 자락 어머니 무덤 곁에 안장되었다.

(2) 문단 내외의 관계

1) '연예사(研藝社)' 시대

문학을 하고자 했던 김광균에게 그의 고향인 개성이 지니고 있었던 문화적 배경과 풍토는, 아무래도 중앙 문단과의 괴리감을 느끼게 만드는 한 요인으로 작용한 듯 싶다. 지리적으로는 서울(당시의 경성)과 지척간이라고 할 수 있겠으나, 여러 이유로 하여 문화적인 면에서는 서울보다 많이 뒤떨어져 있다고 판단되었기 때문이다. 김광균은 개성 문학이 중앙 문단에 비해 뒤떨어진 한 요인으로 상업주의 사상에 감염된 때문으로 풀이하고 있다.

> 조선 문학(朝鮮文學)의 태생 시대(胎生時代)로부터 개성(開城)은 광범한 의미로 무수한 문학 청년을 가지고 있으나 아직 건전한 작가 하나 둘 산출하지 못하였다.
> 일반 청년의 교양 정도가 타 지방(他地方)에 비하여 높은 수준을 가졌고 유한(悠閑)한 생활과 시간과 소질을 소유한 문학 청년을 산

견(散見)하나, 그의 문학에의 정열을 꺾는 것은 순전히 그의 고식(姑息)된 상업주의(商業主義) 사상(思想)이다.22)

다시 말해서 개성이라는 공간이 지닌 종래의 상업주의적인 풍토가 문학이 자라나는 데에는 별로 좋은 토양이 될 수 없다는 이야기이다. 이러한 지적은 이후 그의 행적에 비추어 다음 두 가지 점에서 주목을 끈다.

첫째, 적어도 그는 문학 예술을 하려면 세속에 물들지 않는 순수한 마음이 전제되어야 한다는 점을 믿었다는 사실. 그는 근본적으로 시와 상업이 양립 불가능하다는 생각을 가지고 있었던 사람이다.* 이 점은 또, 이후 그가 사업을 하는 기간 동안 거의 문필 활동을 중단했던 점을 상기한다면 어느 정도의 내적 일관성을 확보하고 있는 것처럼 보인다.

둘째, 비록 그가 어떤 글을 통해, 문단 출세에 있어 서울이란 조건은 과분한 작용을 한다는 생각을 피력한 바 있으며, 그 연장선상에서 지방 문단의 부양과 서울 중심 경향의 배격을 주장하기도 하였지만, 그러한 표면적인 진술과는 달리 그의 내면에는 항상 중앙 문단으로 진출해 보려는 욕망이 깔려 있었다는 점. 이는 그가 서울에 본사를 둔 회사에 취직하여 본사 근무를

---

* 이 점에 대해서는 다음과 같은 내용을 참고로 할 필요가 있다.
"6·25(六·二五) 전 해인가 또 그 전 해인가 박거영씨(朴巨影氏)의 시집(詩集) 출판기념회에서 반취(半醉)가 지난 김에 일어나 '박 시인! 시(詩)와 상업(商業)은 양립(兩立)이 안 되니 어느 한쪽은 집어치우시오.'하고 호령을 하여 박거영씨가 짧지도 않은 얼굴을 더 늘이고 천정을 쳐다보던 생각이 가끔 난다." (김광균, 「시와 상업」, 『와우산』, 범양사출판부, 1985, 115쪽)

희망한 것이나, 이후 이미 문단 내외에서 상당히 알려진 처지임에도 불구하고 굳이 중앙 일간지 신춘 문예를 통해 정식 등단 절차를 밟은 점 등을 염두에 둘 때 결코 소홀히 다룰 수 없는 문제이다.

어찌되었건 그는 서울보다는 문화적으로 뒤떨어진 개성 출신이라는 자각 속에, 문학 수업 과정에서 지방 출신의 한계를 극복해 보기 위해 노력하였다. 김광균이 문학에 뜻을 두고 작품 활동에 몰두하던 개성 송도상업 재학 시절, 그의 주변에는 그와 뜻을 같이하는 몇몇 고향 친구들이 있었다. 문학 청년기의 그는 이들과의 교유를 통해 문학에 대한 감수성을 키우고, 세계를 넓혀 나갔다. 그와 김소엽(金沼葉), 현동염(玄東炎) 셋이서 출발한 모임은 주변 인물들을 끌어들이면서 차츰 확대되게 되었는데, 이 시절의 자유스런 분위기를 그는 훗날 '연예사' 시대라 이름 붙여 부른다.

> 그 때 이 멤버를 주로 상교생(商校生) 몇몇과 김재선(金載善), 최창진(崔昌鎭), 김영일(金永一)이 모여서 놀던 구락부식(俱樂部式) 단체가 '연예사(硏藝社)'였고 그 기관지가 『유성(流星)』이었다. 합평독후감(合評讀後感), 에세이, 시(詩), 창작(創作), 수필로 6, 70혈(七,八十頁)의 거량(巨量)이었다. 배대호(倍大號) 원고(原稿)라고 밤깊도록 지정(指定) 원고지(原稿紙)와 씨름하던 생각이 나나 불행히 내용(內容)은 기억(記憶)이 안 된다. 재선(載善)이 장편(長篇) 〈황혼(黃昏)의 북목도(北牧島)〉를 쓰고, 소엽(沼葉)이 상문(想文) 〈송월(頌月)〉을 쓰고, 동염(東炎)은 이리 핑계 저리 핑계하고 창작(創作)은 서울로 보내고 책임진 원고도 안 쓰고서 동인(同人)들에게서 '이기파(利己派)'의 칙임관(勅任官) 대우를 받았다.23)

그 후 이 모임은 그의 군산 공장 발령과 함께 자연스럽게 해산되고 말았지만, 지역적 한계에 대한 처절한 인식과 더불어 문학에 대한 열정으로 가득 찼던 이 시절의 기억이 평생 그의 가슴에 깊이 자리 잡았던 것만은 사실이다.

2) 경향 문학과의 관련

1930년에 발표된 두 편의 시, 〈실업자의 오월〉(『대중공론』, 1930. 6)과 〈소식 — 우리들의 형님에게〉(『음악과 시』, 1930. 8)를 살펴보면 여타 그의 시편들과는 썩 다른 양상을 보이고 있다는 사실을 발견하게 된다. 우선 서술투의 문체가 그러하며, 계급 의식과 투쟁성을 강조한 내용 또한 예사롭지가 않다. 김용직에 의하면 이러한 특성은 그 당시 한창 문단의 관심을 끌었던 카프(KAPF) 시인 임화의 단편 서사시 계열의 그것과 부합된다.*

김광균이 과연 카프를 중심으로 한 프로 예맹 측과 어느 정도의 관련을 가졌는지는 현재로서는 정확히 파악할 길이 없다.

---

* 김용직, 「식물성 도시 감각의 세계 — 김광균론」, 『한국 현대 시사』(1), 한국문연, 1996, 347-349쪽.

1929년 2월 임화가 『조선지광』에 <우리 오빠와 화로>라는 시를 발표하여 계급주의 시의 새로운 유형을 제시하자, 당시 카프의 주요 논객이었던 김팔봉이 「단편 서사시의 길로」(『조선문예』, 1929. 5)라는 평문을 통해 이런 짤막한 서술적 유형의 시를 단편 서사시로 규정하고, 앞으로 프로 시가의 발전과 대중화를 위해 바람직한 형태의 시라고 평한 데서 비롯된다. 이를 기화로 이 시기 적지 않은 경향시들이 이런 형태로 발표되었음을 알 수 있는데, 이에 대한 자세한 내용은 정재찬, 「1920~30년대 한국 경향시의 서사 지향성 연구」, 서울대 대학원, 1987을 참조할 것.

다만 이들 작품의 성향으로 보아 그가 그 시절 카프의 경향 문학에 대해 심정적으로 동조하고 있었을 가능성은 충분하다. 또 하나 눈길을 끄는 것은 이 시기 그가 카프 개성 지부에 관계하던 양우정(梁雨庭)과 모종의 관련을 맺고 있었던 점이다. 실질적으로 양우정에 의해 주도, 발간되었던 『음악과 시』에 위의 계급주의적인 성향이 짙은 시를 발표하였던 사실이 이를 증명한다.

  그러나 경향 문학에 대한 김광균의 관심은 그리 오래 지속되지 못했다. 개성 지부가 주축이 된 카프 쇄신 동맹 사건으로 인해 그 중심에 있던 양우정과 카프 중앙 지도부와의 대립이 노골적으로 표면화되었고,* 연이어 카프 지도부에 대한 1차 검거 열풍이 몰아닥쳤기 때문이다. 이와 같은 예기치 못한 상황 전개와 관련하여, 김광균이 카프의 조직 노선과 그 실태에 대해 실망하였거나 당황하였던 흔적은 위의 두 작품 발표 이후 거의 3년여에 걸친 긴 공백 기간이 있었음으로 설명된다.

  이 기간 동안 그는 시에 대한 자신의 관점을 종합적으로 점검하고 아울러 재정립해 볼 시간적 여유를 가진 것으로 보인다. 그리고 그러한 심사숙고 끝에 마침내 1933년 7월, 새롭게 모더니즘 계열에 속하는 것으로 보이는 〈창백한 구도〉를 발표하기에 이른다. 이는 명백히 동시대의 현실에 대한 인식을 투쟁성이나 계급성, 즉 주제적인 측면에서가 아니라 감각과 기법의 차원에서 새롭게 조망하고 형상화해 보려 애쓴 결과인 것이다.

---

* 이 부분에 대한 자세한 내용은 김용직, 「프로 예맹의 발족과 그들의 활동」, 『한국근대시사 (하)』, 학연사, 148-150쪽을 참조할 것.

3) 이시카와 다꾸보꾸(石川啄木)에의 경도

사실 상업학교 재학 시절의 김광균은 모더니즘이 아직 무언지도 몰랐으며, 따라서 시대성에 대한 강조나 회화적 이미지의 추구와 같은 개념에 대해서는 전연 생소하였다. 오히려 그의 성향은 감성적이었으며, 이 때문에 독서 습관도 주로 감상성이 짙은 낭만주의적 경향의 텍스트들을 즐겨 읽었던 것으로 보인다.

그 시절 그는 같은 개성 출신의 재사 고한승(高漢承)이 번역한 〈베르테르의 설움〉과, 특히 그가 쓴 〈라인 미화(美話)〉에 심정적으로 끌리고 있었다.

> 우리들의 기억(記憶)을 덮고 있는 고향(故鄉)의 색채(色彩)가 이 길에서 겨우 머리를 들고 그 고전적(古典的)인 풍모(風貌)를 풍기고 있다.
> 바람이 불 적마다 버들 꽃이 흩어져 이 좁은 기억(記憶)의 소도(小道)에 눈부신 화문(花紋)을 그린다.
> 이 길에서 나는 가끔 나의 소년(少年) 위에 화려(華麗)한 문학(文學)의 꽃을 피워준 〈라인 미화(美話)〉의 저자(著者)를 만나도 좋다고 생각한다.24)

뿐만 아니라 그는 그 시절, 일본 명치 말기의 대표적인 낭만파 시인의 한 사람인 이시카와 다꾸보꾸(石川啄木)의 문학과 인생에 매료되어 있었다. 주로 다꾸보꾸가 초기에 쓴 낭만주의적 경향의 시들을 즐겨 읽으며, 그는 자신이 다꾸보꾸에게로 점점 깊이 빠져들어 가고 있다는 것을 느끼게 되었다. 그 매료의 정도는 지나치다 싶을 정도여서, 심지어는 다꾸보꾸와 자기 자신을 동일시해 보려 노력하였던 적도 있었다. 아래의 인용문은 다꾸보꾸에 대한 그의 애정이 어느 정도였는지를 가늠케 해주는 대목이다.

> 다꾸보꾸(啄木)에게 경도(傾倒)하던 때 그의 가집(歌集)을 끼고 건방진 문학 소년(文學少年)이었던 나는 늘 이 송림(松林) 속에 올라와 혼자 메뚜기같이 슬픈 표정(表情)을 하고 있었다.
> 열 여덟 살 전후(前後)의 진한 감상(感傷) 속에서 다꾸보꾸(啄木)의 가집(歌集)은 분명히 경이(驚異)에 찬 '바이블'이었다.
> 다꾸보꾸(啄木)가 그의 삽민촌(澁民村)을 떠난 것이 열 아홉이었으니까 이 문학 소년(文學少年)의 세계와도 다소의 공통성(共通性)이 있었을 것이다.
> 그의 전기(傳記 : 요시다 코요오(吉田孤洋) 저(著))에서 다꾸보꾸(啄木)가 나에게 지지 않게 수풀의 감상(感傷)을 좋아한 것을 발견하고 흥분하던 계절이었으니까 나에게는 퍽 아름다운 향훈(香薰)을 가졌던 시대였었는지도 모른다.25)

이러한 낭만적 텍스트들을 섭렵하면서 그는 남다른 자신만의 감수성을 내면으로부터 길러 나갔던 것이다. 훗날 그의 텍스트가 영미 계열의 이미지즘 모더니즘의 큰 테두리 내에 속해 있는 것으로 치부되면서도, 한편으로는 영미의 이미지즘과는 동떨어진 애상적 요소를 짙게 드러내게 된 한 가지 이유를 바로 여기에서 찾을 수 있지 않을까 한다.

4) 김기림과의 만남

1935년 어느 무더운 여름 날,* 경성고무공업주식회사 사원직에 있던 젊은 시인 김광균은 소공동의 낙랑다방에서 그의 인생에 커다란 전기를 마련해 준 한 사람을 만나게 된다. 테니스 모자에 몇 권의 책을 옆구리에 낀 채 '콰이강의 다리에 나오는 영군(英軍) 장교'26)처럼 멋진 반바지 스타킹 차림으로 나타난 사람. 그는 바로 1930년대 이 땅의 대표적인 모더니즘 시론가인 김기림이었다.

다방 문이 닫힐 때까지 서너 시간 이야기를 하고 헤어졌는데, 자세한 것은 다 잊어버렸고, 기억에 남는 것은 파리를 중심으로 화가와 시인들이 모여 같은 시대 정신(時代精神)을 지향한 공동 목

---

* 김기림을 처음 만난 시점에 대해 김광균은 기록을 통해 1937년 5월말경으로 밝혀 놓고 있으나(김광균, 「오십년」, 『와우산』, 범양사출판부, 1985, 149쪽), 이 당시 김기림은 일본 동북제대에 유학중이었으므로 이 기록은 사실상 착오임을 알 수 있다. 여기서 필자가 그 시기를 1935년 여름으로 추정한 것은 김광균의 진술 내용으로 보아 〈오후의 구도〉(1935. 5. 1) 발표 이후, 오장환과 서정주를 만나기 이전(김광균이 오장환 등과 『시인부락』 동인으로 참가한 것은 1936년이다.), 김기림의 도일(1936. 4) 이전의 시기여야 한다는 점에 근거한다. 또한 1935년 4월 18일 결혼 이후 일정 기간(3, 4개월 정도) 동안 개성에서 신혼 살림을 시작하였다는 미망인의 진술을 참고할 때, 이 기간 동안에 해당되는 1935년 여름 무렵(아마도 7, 8월경)의 어느 날, 서울길에 그가 조선일보 학예부 기자로 재직중이던 김기림과 연락을 취하여 만났을 가능성이 가장 크다고 볼 수 있다.
또 한 가지 짚고 넘어가야 할 점은 자료를 검토해 보았을 때, 김기림이 그를 기대되는 신인 시인으로 거론한 것은 1935년말 신문을 통해서가 아니라 1935년 6월호 『조선문단』 설문란을 통해서임이 확인된다.

표를 세우고 한떼가 되어 뒹굴며 운동을 한다하며 구체적인 예를 많이 들었다. 자신은 그 중에서도 '불라멩크' 그림의 모티브인 현대(現代)의 위기 감각을 높이 평가한다는 이야기, 시인으로 이상(李箱)이 원고지 위에 숫자(數字)의 기호로 쓴 시각의 시(詩) 이야기, 아직 작품 발표는 적으나 오장환(吳章煥)이란 신인이 주목된다는 이야기 등등이었다. 그리고 화가로는 김만형(金晩炯), 최재덕(崔載德), 이쾌대(李快大), 유영국(劉永國) 같은 사람들의 이름을 들며 가까운 시일에 소개해 주겠다는 이야기를 하고 헤어졌다.27)

사실 그가 김기림에 대해 호감을 가지게 된 것은 이보다 한 해 전인 1935년 무렵으로 거슬러 올라간다. 당시 우리 평단의 신진 기수로 활발한 비평 활동을 전개하던 김기림이 근래 등장한 신진 시인 가운데 주목할 만한 인물로 김광균을 거론하였던 것이다. 이 글을 접하게 된 김광균이 기쁨과 흥분에 휩싸인 것은 당연한 일이다. 그는 그 기쁨을 "승천을 시작하여 지붕을 뚫고 '샤갈'의 그림처럼 하늘로 높이 날았다."28)라고 표현한다. 젊고 예리하며, 더욱이 조선일보 학예부 기자라는 직함으로 문단에도 작지 않은 영향력을 행사하던 비평가 김기림이 자신의 시에 특별한 관심을 두고 있음을 확인한 김광균은 그 후 그를 직접 만나볼 수 있기를 내심 바라다가, 어느 날 서울길에 직접 연락을 취하여 모처럼의 기회를 마련하였던 것이다.

이 날의 만남을 김광균은 두고두고 잊지 못한다. 그리고 그 만남은 적어도 다음 세 가지 점에 있어 이후 김광균의 시작 활동에 결정적인 영향을 미친 것으로 판단된다.

첫째, 이전까지 김광균은 시대적 조류나 문단의 흐름 내지

2. 작가 의식의 형성 과정

동향에 대해서는 체계적인 시야를 확보하지 못하고 있었다. 그는 다만 스스로의 타고난 재능과 문학에 대한 열정만으로 시작에 몰두해 왔다고 할 수 있다. 그런 그가 이 만남을 계기로 중앙 문단, 나아가 세계 예술계의 신흥 동향에 대해 일정한 관심을 지니게 되었던 것이다. 김기림이 앞장섰던 모더니즘 시운동에 대해 공감하고 예술의 시대성에 대해 이해하기 시작한 것이다.

둘째, 주로 김기림과 그 주변 인물들의 소개에 의해, 서울에서 한창 주목받고 있거나 받을 찰나에 있던 적지 않은 수의 젊은 시인과 화가들을 만나게 되고 그들과 교유하게 된다. 이 만남은 횟수를 거듭하면서 자연 김광균에게 그들과의 동류 의식을 형성하는 또 다른 계기를 마련해 주게 되는데, 그런 가운데 그들 세대만의 색다른 감각과 시대적 분위기, 세계관 등을 표출해 보기 위한 모색이 일정 부분 있었음은 당연한 일이라 하겠다.

셋째, 김기림과의 만남은 그에게 인상파 이후의 현대 회화에 대한 폭발적인 관심을 몰고 온 전기를 마련해 주게 된다. 화가들과 활발히 교유하며, 도쿄 등지에서 출판된 현대 서구 화가들의 최신판 도판 화집을 이런저런 경로로 어렵사리 입수하여 보는 것을 큰 낙으로 삼았다. 이러한 회화에 대한 관심은 그에게 시를 보는 새로운 안목을 가져다주었으며, 이후 그의 시작 경향은 눈에 띄게 회화성을 강조하는 방향으로 선회하게 된다. 후에, 이 시절 자신의 내면 모습에 대해 김광균은 다음과 같이 회고한다.

고호의 〈수차(水車)가 있는 가교(架橋)〉를 처음 보고 두 눈알이 빠지는 것 같은 감동을 느낀 것도 그 무렵이다. 그 때 느낀 유럽 회화에 대한 놀라움은 지금도 생생하다. 세계 미술 전집(世界美術全集)을 구하며, 거기 침몰하는 듯하여 나는 급속히 회화의 바다에 표류하기 시작했다. 시집(詩集)보다 화집(畵集)이 책상 위에 쌓이기 시작하였고, 내 정신의 세계의 새로운 영양은 이렇게 해서 이루어진 것 같다.29)

김기림과의 만남은 해방 후까지도 지속적으로 이어진다. 그는 김광균이 문단 활동을 전개해 나가는 데 있어서 가장 든든한 후원자이면서 동시에 문학적 동반자이기도 했다. 그들 사이의 인연은 6·25전쟁의 발발과 더불어 김기림이 납북되면서 공식적으로 끝이 났지만, 1988년 김기림이 공식 해금되자, 김광균이 김기림기념사업회 회장직을 맡음으로써 다시 끈질기게 이어지는 것을 볼 수 있다.

5) 오장환, 서정주, 기타 시인과 화가들

김기림과의 만남을 전후하여, 김광균은 회사 퇴근길이면 어김없이 명동 일대의 다방과 대폿집으로 향하며 당시 조선 문화 예술계의 젊은 시인, 화가들과의 안면을 넓혀 간다. 그 무렵 그가 자주 어울리며 가까이 지냈던 이들로는 같은 고향 친구이기도 한 김재선과 시인 오장환, 소설가 이봉구, 화가 최재덕, 김만형, 신홍휴 등이 있다. 또한 얼마간 시간이 지난 뒤에 오장환의 소개로 서정주와도 대면하게 된다. 마음 맞는 이들과의 만남 자체가 즐겁기도 하였지만, 그런 만남을 통해 그들은 각자의 예술 세계 속에 시대 정신을 구현해 보겠다는 의지를 보다 확고하게 키워 나갈 수 있었다. 그러므로 그들은 그들 나름의 세대 의식으로 똘똘 뭉쳐, 진정으로 의기 투합할 수 있었다. 대개 그들은 밤늦도록 술을 마셔대며 시와 소설, 그리고 회화에 대해 끝도 없이 토론하였다.

그 무렵의 열띤 분위기를 그는 다음과 같이 전한다.

1930년(一九三〇年) 이후 약 십 년 간 문학 청년을 길러낸 곳은 옛날 명치정(明治町) 부근(附近)의 다방(茶房)이었다. 황혼(黃昏)에서부터 야반(夜半)에 그 곳을 가보면 자욱한 담배 연기와 음악 속에 묵묵히 들어앉은 유상무상(有像無像)들의 입에서 나오는 이야기는 대개가 문학, 그림, 빈궁(貧窮), 수업(修業)에 대한 것이었다. 허식(虛飾)과 감상(感傷)도 있었고 진지(眞摯)와 겸허(謙虛)도 있었으나, 작가를 지망하는 지향과 거기에 상반(相伴)한 역량(力量)을 키우려는 열의(熱意)와 긍지(矜持)를 가지고 있었다.30)

그 가운데에는 문단인들의 기억에 남을 만한 몇 가지 에피소드들도 있었다. 오장환과의 교유는 그에게는 또 다른 점에서 행운이었다. 비교적 형편이 넉넉한 편이었던 오장환은, 당시 일반인들로서는 쉽지 않았던 내지(일본) 출입을 자유로이 하면서, 자신의 기호에 맞는 책들을 사모으는 버릇이 있었다. 오장환을 통해 그는 도쿄에서 나온 신간 시집과 컬러판 화집들을 얻어볼 수 있었으며, 또 후에는 그가 경영하던 남만서방이라는 서점을 드나들면서 국내외의 문학 서적과 시집들을 어렵지 않게 접할 수 있었다. 그가 첫 개인 시집인 『와사등』 초판본을 남만서방에서 상재하게 된 것도 이런 배경에서였다.

  오장환을 통해 이제 막 문단에 자신의 얼굴을 드러내기 시작한 서정주를 알게 된 것도 바로 이 무렵의 일이다. 김광균은 서정주를 알게 된 경위에 대해 다음과 같이 적고 있다.

> 하루는 저녁 때 들렀더니 내 옆구리를 꾹꾹 찌르고 한쪽으로 데리고 가서 너만 보라며 누런 줄을 친 전주 한지(全州韓紙)에 모필(毛筆)로 쓴 〈문(門)〉이란 시를 보여 주었다. 시가 하도 좋아서 이게 누구 것이냐고 했더니 서정주(徐廷柱)라는 괴물인데 곧 서울로 온다니 만나 보라는 것이었다. 정주(廷柱)는 그 때 제주도로, 고향으로, 또 어디로 후조(候鳥)같이 방랑 생활을 하고 있었다.[31]

  이와 같은 만남이 기폭제가 되어서, 그는 자주 어울리던 주변의 몇몇 친구들과 함께 『시인부락』(1936), 『자오선』(1937) 등의 동인을 결성하여 활동을 전개하기도 한다. 비록 이들 활동은 여러 가지 사정에 의해 지속적으로 이어지지는 못했지만, 그 자체만으로도 우리 문학사에서 뚜렷한 족적을 남긴 사건인 것만은 틀림없는 사실이다.

이봉구 문학비 제막식을 마치고

▶
소설가 이봉구의 문학비 제막식에
즈음하여 그와의 교유를 생생하게
기록해 놓은 회고담과 그의
죽음에 대한 애상을 담고 있는
우두(雨杜) 김광균의 친필 원고
〈담왕한어(談往閑語)〉 일부

茶徒閑話

小說家李光洙氏의一九三九年에十餘年
사든 桂洞집을 떠나 孝子洞으로 移舍했다
가 다시 昌變里 큰길에서 조금 드러선 寒村
으로 옴기였에 다시 얼마 안이되여 京城도
보이는 뱅이고개 넘에 있는 紅芝洞으로 드
러 갔다 그러케 자조 옴기는것은 한편으로
손이 붓끄러움에 쫏기여서이고 한편으로 그
圖々한 解放 前에는 日帝에 이를 갈고 살었고
圖土改革으로 배앗기지나 안을가 하여 京
畿廣州로 家産을 옴기려하든 先生 같기에

兩杜用箋

3

시세계의 특색

(1) 낭만적 감상성

1 감상성의 문제를 바라보는 시각에 대하여

일찍이 평론가 정태용은 김광균의 시를 논하는 자리에서 그에게 '엘레지의 시인'[32]이라는 색다른 칭호를 부여한 바 있다. 1930년대의 대표적인 이미지즘 시인으로 널리 알려져 있는 그에게 이러한 자리매김은 그다지 어울리는 것이라고 생각되지는 않는다. 그러나 이미 많은 비평가와 학자들이 부분적으로는 이와 유사한 인식을 공유하고 있었던 것이 사실이다. 다시 말해서 대개의 경우 이들에게 있어 이미지스트로서의 김광균의 면모가 일부 훼손되는 한이 있다 할지라도, 그의 초기 시에 두드러지게 드러나 보이는 애상적 정조의 문제는 마땅히 한 번쯤 짚고 넘어가지 않으면 안 되는 중요한 관문인 것처럼 보였던 것이다.

이 문제에 대한 평자들의 입장 역시 제각각이다. 예컨대 문덕수의 경우 이미지의 사물성과 주관적인 감정 요소가 텍스트 내에 혼재해 있음을 지적하면서, 그의 시가 좀더 견고하고도 명확한 이미지의 조직체가 되려면 유추를 위해 도입된 유의(vehicle)가 생활 경험과 밀착된 다른 구체적 사물로 대체되어야 할 것이라고 주장한다. 나아가 그는 '감정과 사물의 분열 현상은 그의 시의 도처에서 발견되는 허점'[33]이라고 규정한다.

그러나 김재홍의 경우는 오히려 김광균이 천부적인 이미지 조형 능력과 비유의 형상 능력에도 불구하고 원천적인 면에서 서구적 의미의 이미지스트 시인으로서보다는 낭만적인 서정 시인으로서의 체질을 지니고 있음을 강조한다. 그가 보기에 김광균 시에 동원된 모더니즘의 여러 방법, 특히 이미지즘의 기법이란 것도 결국에는 낭만적인 서정시를 효과적으로 쓰기 위한 방편[34]이었을 뿐이다.

김광균이 근본적으로 이미지즘 시인이냐 서정 시인이냐를 두고 소모적인 논쟁을 지속할 필요는 없으리라 본다. 명백한 것은 우리 문학사에서 그가 1930년대의 대표적인 이미지스트로 위치지워지고 있다는 사실이며, 그럼에도 불구하고 실제 그의 시를 훑어보면 낭만적 서정성이 짙게 드리워져 있는 것 또한 어김없는 사실이기 때문이다. 따라서 이 문제는 서구적인 잣대로만 잴 성질의 것이 아니며, 김광균 개인의 이력과 기질, 문학적 성향, 그리고 당대의 문단 내외적 현실까지를 종합적으로 고려한 연후에야 비로소 그 전모를 파악할 수 있을 것이다.

언젠가 김광균 스스로도 자신은 결코 모더니스트가 아니라고 말한 적이 있듯이,* 그가 시작 과정에서 의식적으로 모더니즘의 기법들을 표나게 부각시키기 위해 노력했던 것은 아니다. 그러나 어찌되었건 그의 시에 드러난 이미지의 조형성은 당대 최고 수준의 것이었으며, 그런 점에서 볼 때 그가 의식적인 모더니스트는 아니라 할지라도, 김춘수의 말마따나 '기질적 이미지스트'35)로 분류되는 것은 지극히 당연한 일이다.

필자가 보기에 김광균은 기질적 이미지스트인 동시에 타고난 낭만주의자이다. 그의 시 곳곳에서 산견되는 낭만주의적인 센티멘털리즘의 요소는 그를 서구적 이미지즘의 한정된 테두리에만 묶어두기를 거부하게 만든다. 양자가 결합 과정에서 어떤 효과를 산출할 것인지는 그의 시를 구체적으로 한 편 한 편 검토해 나가는 길밖에 없겠지만, 그런 경우에도 우선적으로 염두에 두어야 할 사실은 출발에서부터 그의 본령은 어디까지나 낭만주의자라는 점이다. 그리고 이 문제에 접근해 들어가기 위해서는 마땅히 시정신이나 정서의 형질과 같은 기법 외적인 측면에 대한 고려가 뒷받침되어야 할 것이다.

2 감상성의 근원 (1) : 상실감

김광균 시에 나타난 감상성의 문제를 개인적인 차원에서 바

---

* "나는 모더니스트가 아니다. 굳이 모더니즘이라는 것을 의식하고 시작을 한 적은 없다. 물론 나의 시에는 시각적 회화적인 이미지가 많이 나타나고 있는 것은 사실이다. 그러나 이것은 내가 오랫동안 서울에 거주했기 때문인지도 모르겠다." (김광균, 「작가의 고향—꿈 속에 가보는 선죽교」, 『월간조선』, 1988. 3)

라볼 경우, 주위의 대상들의 소멸에 대한 아쉬움과 그것으로 인해 빚어진 향수라는 두 개의 정서적 축을 그 근원으로 한 것임을 알 수 있다. 이러한 소멸과 향수는 상실감이라는 공통 분모를 지니고 있는 것으로 생각되는데, 이 때 상실감의 직접적인 동인은 공간적으로는 고향, 시간적으로는 유년기, 개체적으로는 주변인들의 죽음 등이 거론될 수 있을 것이다.

1) 고향 상실

먼저, 그의 시에 드러난 고향은 김창원의 지적대로 그가 나서 자란 개성이라는 특정의 지리적 공간이라기보다는 도리어 심리적인 면모를 강하게 지닌다.* 그런데 그 고향은 이미 현실적으로는 아무런 위안도 도움도 줄 수 없는 공간이다. 바로 그런 심리적 고향에의 상실감이 그의 시에 심각한 소멸의 미학으로 나타난다. 이 경우 고향은 추억 속에 아련히 떠오르는 아름답고 평화로운 분위기의 고향이 아닌, 자아 내면의 우울하고 슬픈 인식을 반영하는 퇴영적 공간이다. 그 곳은 유토피아로서의 기능을 일찌감치 상실한 공간인 까닭이다.

---

* 김창원, 「김광균과 소멸의 시학」, 『한국 현대 시인론』, 1995. 3, 177쪽.
　이 점에 대해 김창원은 다음과 같이 부연한다.
　"김광균은 일반적으로 도시적 비애의 시인, 또는 식민지 지식인의 방황과 좌절을 읊은 시인, 소시민의 고독을 노래한 시인이라고 이해된다. 그러나 그가 도시에서 비애를 느껴야 했던 근본 원인은 잃어버린 고향에서 찾아야 한다. 마음의 고향이자 삶의 근원으로서의 고향을 상실한 데서 그의 소멸의 미학이 자라게 된다." (김창원, 「김광균과 소멸의 시학」, 『한국 현대 시인론』, 1995. 3, 176쪽)

정거장도 주막집도 헐어진 나무다리도
온—겨울 눈 속에 파묻혀 잠드는 고향
산도 마을도 포플라 나무도 고개 숙인 채
호젓한 낮과 밤을 맞이하고
그 곳에
언제 꺼질지 모르는
조그만 생활의 촛불을 에워싸고
해마다 가난해 가는 고향 사람들

—〈향수〉 일부—

저녁 안개가 나즉이 물결치는 호반(湖畔)을 넘어
슬픈 기억의 장막 저편에
고향의 계절은 하이—얀 흰 눈을 뒤집어쓰고

—〈황혼에 서서〉 일부—

  상식적으로 생각한다면, 고향이란 그가 근대 도시라는 비인간화된 공간에서 경험해야 했던 황량함과 삭막함으로부터 벗어나고 싶을 때 찾게 되는 정신적 안식처여야만 할 것이다. 그러나 그에게 있어 고향은 오직 '해마다 가난해 가는 고향 사람들'이 있는 곳, '슬픈 기억의 장막 저편에' 놓여 있는 곳으로 기억될 뿐이다. 다시 그 곳으로 돌아가 위안을 얻을 수 있는 그런 진정한 마음의 고향이 어디에도 없다는 인식이야말로 그의 시의 밑바탕에 깔려 있는 상실감의 내면적 근원인 것이다.
  이와 같이 진한 심리적 고향 상실감은, 그러나 고향에 대한 인간 본연의 그리움을 근본적으로 훼손하지는 못한다. 상실감과는 별도로, 그가 시에서 고향을 그릴 때에는 고향에 대한 이미지들이 좀더 낭만적이고 애상적인 분위기를 띤 채 끊임없이 자아 내면의 그리움을 자극하는 것을 볼 수 있다.

하늘은 내 넋의 슬픈 고향
늙은 홀어머니의 지팽이 같이
한줄기 여윈 구름이 있어
가을 바람과 함께 소설하더라.

초라한 무명옷 이슬에 적시며
이름 없는 들꽃일래 눈물지었다.
떼지어 우는 망아지 등너머
황혼이 엷게 퍼지고
실개천 언덕에 호롱불 필 때

맑은 조약돌 두손에 쥐고
노을을 향하여 달리어 갔다.

뒷산 감나무꽃 언제 피었는지
강낭수수밭에 별이 잠기고
한줄기 외로운 모깃불을 올리며
옷고름 적시시던 설운 뒷모습
아득―헌 시절이기 더욱 그립다.

창망한 하늘 가엔 나의 옛고향이 있어
마음이 슬픈날은 비가 내린다.

― 〈고향〉 전문 ―

인용시 〈고향〉에서 보듯, 고향은 그에게 다양한 슬픈 기억들을 떠올리게 하며 눈물짓게 만드는 그런 공간이다. 그러나 동시에 그런 슬픈 기억들조차 이제 그에게는 애절한 그리움의 대상으로 다가온다. 그러한 그리움을 그는 '아득—헌 시절이기 더욱 그립다'는 말로써 표현한다.
  이로써 그의 고향에 대한 그리움은 과거의 행복했던 시절이나 유토피아적 공간을 향한 그리움이 아니라 인간 내면에 깃든 보편적이며 본원적인 향수에 의한 것이라는 사실이 드러난다. 이러한 구도가 낭만적이며 애상적인 분위기를 띠게 되는 것은 자연스런 일이다. 요컨대 그의 시에 나타난 고향은 지나온 삶의 질곡이 배어 있는 실제의 기억이나 현장으로서가 아니라, 다만 시인 자신의 낭만적인 내면 의식을 투영시킨 단편적 이미지들로서만 다가온다. 정서적 위안과 안정을 얻기 위해서 고향을 떠올리는 것이 아니라, 비록 슬픈 기억으로 가득 차 있긴 하지만, 점차 소실되어 가는 고향의 옛 정경과 기억의 자취들을 붙잡기 위해 애쓰는 이러한 그의 태도는 분명 낭만적 세계관에 근거를 둔 것이라 할 수 있다.

  2) 유년 상실
  고향을 향한 그리움이 그 곳에서의 삶의 구체적인 현장성을 담고 있지 아니하듯이, 유년기의 추억과 관련된 그의 시편들 역시 단지 아련한 회상과 그리움의 대상으로만 다가올 뿐, 현재의 삶에 연결될 수 있는 어떤 직접적인 매개고리를 지닌 것은 아니다. 문덕수는 김광균에게 있어 과거란 현재에 연속된 과거가 아니라 단절된, 또는 상실된 과거임을 지적한 바 있다.36) 유년기로 대표되는 그의 과거는 회복 불능의 과거이며, 이러한 회복 불능의 상태에 대한 인식이야말로 그의 시에 나타난 진한 감상성을 촉발시키는 주요한 매재인 것이다.

> 조그만 등불이 걸려 있는 물결 위으로
> 계절의 망령같이
> 검푸른 돛을 단 작은 요트가
> 노을을 향하여 흘러내리고
>
> 나는 잡초에 덮인 언덕길에 기대어 서서
> 풀잎 사이로 새어 오는
> 해맑은 별빛을 줍고 있었다.
>
> ―〈호반의 인상〉 일부―

> 금빛 피리와 오색 꿈을 잃은 나의 소년은
> 스미는 안개 속에 고개를 들고
> 구름 사이를 새어 오는
> 고달픈 바람 소리에 눈을 감았다.
>
> ―〈소년사모(少年思慕)〉 'I' 일부―

유년기의 추억과 관련된 그의 감상성은 위의 인용시들에서 보듯 실체가 뚜렷치 않으며 대단히 막연하다. 그러한 막연함을 김광균은 선명한 이미지들을 동원함으로써 어느 정도 상쇄해 보려 하고 있는 것이다. 현재와 연결되지 못하는 단절된 유년기에 대한 인식은 그의 시에서 동심의 세계에 대한 막연한 그리움으로 제시되어 있다. 동심의 세계에 대한 그리움이란 따지고 본다면 동심의 상실에 대한 일종의 반작용이라 할 것이다.

〈호반의 인상〉에서 시적 자아가 '풀잎 사이로 새어 오는 / 해맑은 별빛을 줍고 있었다'라고 표현한 것은 상실된 동심의 세계를 상상 속에서나마 돌이켜 보고자 하는 작은 시도이다. 그러나 그와 동시에 '계절의 망령같이 / 검푸른 돛을 단 작은 요트가 / 노을을 향하여 흘러내리고'라는 말에서 우리는 그가 어느덧 세월의 무게를 실감하고 있음을 짐작할 수 있다. 이어지는 〈소년사모〉 '1'의 경우도 마찬가지이다. 여기서 그는 '금빛 피리와 오색 꿈을 잃은 나의 소년'에 대해 이야기함으로써 잃어버린 동심에 대한 아쉬움을 처연하게 드러낸다. 텍스트 말미에서 보듯 그는 '고달픈 바람 소리에 눈을 감'는 것으로 세월의 흐름을 잊고 잠시나마 그 아쉬움을 달래려 하지만, 여기서 독자가 느끼는 것은 그러한 동심의 상실이 이미 회복되기 어렵다는 사실이다.

이처럼 현실적으로는 회복 불능의 과거, 상실된 동심의 세계로의 통로를 내면의 상상 세계에서 열기 위해 그가 자주 동원한 이미지가 바로 '눈'이다. 김광균은 눈의 시인이라고 할 정도로 눈과 직·간접적으로 관련된 다수의 시들을 남겼는데,* 대개의 경우 이 눈은 시간적으로 먼 과거를, 공간적으로는 먼 곳

---

* 한 조사에 의하면 전집 『와사등』(1977)에 수록된 시 가운데 순수하게 눈을 제재로 한 시는 4편, 부분적으로 눈이 나타난 시만도 9편으로, 총 80편 가운데 13편이 눈과 관련되어 있다. (허영자, 「김광균 시에 있어서의 눈의 심상」, 『성신어문학』 3, 성신여대 국어국문학과, 1990, 4쪽)

을 표상한다. 이러한 비현재성과 비현장성이 바로 그의 시에 애상성과 서정성을 부여하는 한 동인이 된다.37)

  어느 머언 곳의 그리운 소식이기에
  이 한밤 소리없이 흩날리느뇨.

  처마끝에 호롱불 여위어 가며
  서글픈 옛 자췬 양 흰 눈이 내려
          ―〈설야(雪夜)〉일부―

  물결 치는 지붕지붕의 한끝에 들리던
  먼― 소음의 조수 잠들은 뒤
  물기 낀 기적만 이따금 들려오고
  그 우에
  낡은 필름 같은 눈이 내린다
         ―〈장곡천정에 오는 눈〉일부―

  눈은 추억의 날개 때묻은 꽃다발
  고독한 도시의 이마를 적시고
         ―〈눈 오는 밤의 시(詩)〉일부―

  가 버린 시절의 발자취같이
  소리도 없이 퍼붓는 눈은
  먼― 계절의 그리운 향기입니까.
         ―〈빙화(氷花)〉일부―

 인용된 몇 편의 시들의 예에서 살펴볼 수 있듯이, 그의 시에 동원된 눈의 이미지는 예외 없이 '서글픈 옛자취'나 '낡은 필름', '추억의 날개', '가버린 시절의 발자취', '먼— 계절의 그리운 향기' 등으로 표상되는 지난 시절에 대한 은은한 향수와 추억을 담고 있다.

내리는 눈은 직접적으로 슬픔을 던져 주는 것은 아니지만, 이처럼 쓸쓸하고 애상적인 분위기를 자아냄으로써, 단절 혹은 상실로 인해 서정적 자아의 내면에 잠재해 있는 비애를 효과적으로 표출해 내고 있는 것이다. 이 때 비애란 과거의 특정한 기억 내지 체험에서 비롯된 것이라기보다는, 단지 가버린 시절의 덧없음과 허무함, 그리고 거기서 연유하는 실체가 없는 뭔지 모를 쓸쓸함에 대한 인식을 담고 있는 것으로 판단된다.*

더군다나 그 비애는 결코 회피하고 싶은 비애가 아니라, 도리어 고이 간직하고 보존해 보고 싶은, 그리하여 현실의 내면에 본원적인 그리움을 불러들이는 비애이다. 따라서 이는 과거의 자아와 현재의 자아 사이의 넘어설 수 없는 절대적인 거리, 그 메울 수 없는 간극에 대한 낭만적인 인식에 기초한 것으로 이해되지 않으면 안 된다. 결론적으로 김광균은 이러한 낭만적 인식의 결정을 눈의 이미지를 통해 응집시켜 보려 했던 것이다.

---

* 이런 관점의 연장선상에서, 이사라가 김광균 시의 눈 이미지가 가지고 있는 여러 특성들에 기초하여, 이를 현실 세계에서의 중력 거부를 통한 현존 부재의 결정 작용으로 본 것은 주목할 만한 해석이다. (이사라, 「김광균 시의 현상학적 연구」, 이화여대 대학원, 1980. 2, 63쪽)

3. 시세계의 특색

3) 죽음 의식

　김광균의 시집과 문집들을 검토해 보다 보면, 그가 유난히 죽음이라는 주제에 대해 민감한 반응을 보이고 있다는 사실을 발견하게 된다. 어머니나 누이, 애기와 같은 가족의 죽음으로부터, 가까운 벗과 동료들, 심지어는 이름 모를 어느 외국인의 죽음에 이르기까지 그 관심의 진폭 또한 상당히 크다. 이러한 사실은 그가 죽음에 대한 일종의 강박 관념을 지니고 있음을 의미하는 것일 수도 있겠는데, 죽음으로 인한 자아 내면의 상실감은 앞서 소개된 두 항목들과는 대조적으로 직접적이고 구체적인 그 자신의 실제 체험에 바탕을 두고 있다는 점에서 특별한 주목을 요한다.

　그의 생애를 훑어보더라도 알 수 있듯이, 그는 어린 시절로부터 가족을 비롯한 주변 인물들의 죽음을 숱하게 목도해야 했다. 뿐만 아니라 사후 이어지는 가난과 남은 가족들의 모진 고생은 감수성이 예민한 시인 지망생이었던 그가 성장해 나가는 데 중요한 배경으로 작용한다. 아버지와 누이동생을 비슷한 시기에 한꺼번에 잃고서 그는 적지 않은 심리적 타격을 받았을 것이 분명하다. 그리고 이 때부터 줄곧 죽음에 대한 뚜렷한 인식을 지니고 지내온 것으로 보인다.

　이재오는 이 죽음의 주제를 중시하면서 김광균 시 전체의 구조와 이미지를 지배하는 요소로 지목하기도 한다.* 그러나 이러한 인식에 앞서, 보다 중요한 것은 죽음에 관한 관념이야

---

* 이 책의 제1장 1절을 참조할 것.

말로 그에게 현실과 이상 사이의 뛰어넘을 수 없는 거리를 적나라하게 드러내 주는 일종의 한계 상황이며 한계 의식이라는 점이다. 그 거리감은 현실 속에서 견디기 어려운 상실감, 좀더 나아가서는 세계와 인생에 대한 무상감으로 발전할 것인바, 그의 시에 나타난 죽은 이들의 생생한 이미지는 사실상 그러한 상실감, 무상감으로부터 조금이나마 벗어나 마음의 위안을 얻고자 하는 시적 자아의 바람을 담고 있는 것으로 보아도 좋을 것이다.

저녁 바람이 고요한 방울을 흔들며 지나간 뒤
돌담 위의 박꽃 속엔
죽은 누나의 하—얀 얼굴이 피어 있고
―〈벽화(壁畵)〉'남촌' 일부―

칸나의 꽃잎 속엔
죽은 동생의 서러운 얼굴
머리를 곱게 빗고 연지를 찍고
두눈에 눈물이 고이어 있다
―〈대낮〉 일부―

저녁밥상에 애기가 없다.
애기 앉던 방석에 한쌍의 은수저
은수저 끝에 눈물이 고인다.
―〈은수저〉 일부―

죽음이란 산 자와 죽은 자 사이의 절대적인 단절을 의미한다. 물론 단절 그 자체를 뒤집을 수는 없겠지만, 바로 그 단절로 인해 죽은 이에 대한 그리움의 정서는 그와 반비례하여 더욱 커질 수도 있다. 위의 시들에서 보이는 '박꽃'과 '칸나의 꽃잎', '은수저' 등은 그런 그리움의 정서가 빚어낸 객관적 상관물이다. 그러므로 이들 상관물이 환기하는 이미지의 선명성과는 별도로, 그 발상 형식이나 서술 방식은 극히 낭만적이며 감상적인 구조에 입각한 것이다.

물론 이와 같은 죽음에 대한 인식이 항상 감상적인 틀에만 고정되어 있는 것은 아니다. 노년에 이르러 주위의 가까운 인물들이 연이어 하나하나 세상을 뜨면서, 죽음을 바라보는 그의 시각 역시 점차 운명론적으로 변질되고 체념적인 쪽에 기우는 것을 볼 수 있다. 그 절대적인 거리에서 비롯된 상실감의 아픈 인식보다는 삶과 죽음을 포함한 인생 전체에 대한 관조적인 담담함이 앞서게 되는 것이다.

> 사람은 누구나 노년에는 회상을 껴안고 산다지만 정말은 고우(故友)들과 유명(幽明)을 같이하고 살아가고 있는 것이 아닐까?
> 어쩌면 우리들은 죽음과 한이불에 누워 매일밤을 지내고 있는 것인지도 모른다.38)

이처럼 삶과 죽음 사이의 경계를 허물어뜨리고 무(無)화시키려는 인식은 초기의 절대적인 단절감에 대한 인식과는 차이를 보이는 것이다. 이런 인식은 그의 후기 시작 과정에도 조금씩 반영이 되고 있는데, 이 시기의 시들은 초기 시들에 비해 한결 서술적이고 관조적인 자세가 강조되고 있으며, 대신 감성적인 표현이 상당 부분 퇴각하고 있는 것을 볼 수 있다. 이러한 변화는 감상성이라는 차원에서 본다면 분명한 후퇴일 것이다.*

③ 감상성의 근원 ⑵ : 소외감

김광균 시에 새겨진 감상성의 한 축이 개인적인 층위에서의 상실감이라고 한다면, 나머지 한 축은 사회·역사적인 의미망을 동반한 소외감이라고 할 수 있을 것이다. 이러한 소외감은 그의 시에서 주로 정신적인 방황과 함께, 그로 인한 고독과 우수의 형태로 표출되어 있다. 게다가 그것은 즉 현대라는 상황 속에서 자아가 당면하게 되는 정체성에 대한 위기 의식을 동반하고 있다는 점에서 모던의 요소로 발전할 소지를 지니고 있는 것처럼 보이기도 한다. 그러므로 이 부분은 당대의 사회 현실과 시대적 분위기를 간접적으로 반영하고 있다고도 볼 수 있을 것인데, 그의 시에 있어서 이와 같은 소외감의 구체적인 발현은 군중 속에서 겪게 되는 일상인들의 고독과 세기말류의 우수 어린 막연한 불안감과 같은 방식으로 등장한다.

먼저 김광균 시에 나타난 방황과 고독의 의미 이해와 관련하여, 이를 일제하의 열악한 시대 상황과 견주어 해석하려는 태도가 얼마만큼의 타당성을 지니고 있는가에 대해 주목할 필

---

* 예컨대 〈최순우씨〉(1985), 〈수의〉(1985), 〈해변가의 무덤〉(1988) 등을 들 수 있다.

요가 있을 것이다. 기존의 많은 논의들이 이 문제에 관한 한 양자 사이의 연계성을 적극적으로 인정하고자 하는 경향을 보이고 있는 것을 볼 수 있다. 특히 군국주의화로 치닫는 1930년대 말기의 이 땅의 현실에 주목하여, 김광균 시에 나타난 방황과 고독의 양상이 그 속에서 겪게 되는 지식인들의 절망과 좌절을 대변하고 있다는 식의 논리는 그간 우리 주변에서 폭넓게 지지를 받아왔다.*

그러나 실제 텍스트의 내용을 꼼꼼히 점검해 볼 때, 이러한 논리는 다소간 무리하게 과장되고 부풀려진 측면이 없지 않나 하는 의구심이 드는 것이 사실이다. 물론 당대의 현실이 어떤 형태로건 그 당시 활동 중인 시인들의 의식과 행동에 영향을 미쳤을 것은 분명하지만, 그것에 대한 뚜렷한 문제 의식이나 비판 정신이 그들의 시 속에 비유적인 형태로나마 뚜렷이 제시되어 있는가 하는 문제는 또 다른 문제이기 때문이다. 오히려 김광균 문학에 나타난 고독과 방황의 주제는 근대 도시의 화려한 야경 속에서 한 개인이 겪어야만 했던 고립감과 소외감의 차원에서 이해하는 것이 보다 바람직할 것으로 생각된다.

---

* 일례로 정태용의 다음과 같은 논리를 들 수 있을 것이다.
"(김광균 시의) 애상성은 망국의 한과 의지하고 지향할 곳이 없는 청년들의 절망적인 정신을 노래한 것이다. 마치 겨울의 네거리를 추위에 오소소 떨면서 들어갈 곳이 없어서 황혼을 방황하는 걸인 —— 이것이 민족을 생각하는 지식인들의 만주사변 이후의 행색이었다. 중일전쟁은 추위뿐만 아니라 허기까지 느끼게 했다." (정태용, 「김광균론」, 『한국 현대 시인 연구·기타』, 어문각, 1976, 216-217쪽)

다시 말해서 그의 시에 나타난 고독이 사회·역사적인 맥락과 연계되어 있다고 한다면, 이는 근대적 도시 문명에 쉽사리 적응치 못한 데서 생긴 소시민적 방황의 차원에서 이해되어야 할 것이지, 당시 일본 내의 군국주의 세력의 팽창에 따른 정치·군사적 상황의 열악함과 직접적으로 연결시키려는 태도는 지나친 논리의 비약인 듯 싶다.*

이와 같은 인식을 기초로, 그가 도시라는 환경 속에서 경험해야 했던 고독과 방황의 뿌리를 파들어 가다 보면, 결국 그 속에 잠재된 김광균 특유의 감상성의 본질과 맞닥뜨리게 된다.

피부의 바깥에 스미는 어둠
낯설은 거리의 아우성 소리
까닭도 없이 눈물겹고나

공허한 군중의 행렬에 섞이어
내 어디서 그리 무거운 비애를 지니고 왔기에
길—게 늘인 그림자 이다지 어두워

내 어디로 어떻게 가라는 슬픈 신호기
차단—한 등불이 하나 비인 하늘에 걸리어 있다.

— 〈와사등〉 일부 —

---

* 물론 일부 예외적인 작품이 아주 없는 것은 아니다. 예컨대 그의 대표작 가운데 하나인 〈추일서정〉은 당대 정세에 대한 비판적 인식이 강화되어 드러난 경우로 생각된다. 이 텍스트에 대한 상세한 해설은 다음 장에서 다루어질 것이다.

그의 대표작인 〈와사등〉의 마지막 부분이다. 혼잡한 도시의 한 가운데에서, 군중의 무리 속에서 그는 갈 곳 모르는 이방인으로서의 고립감과 정신적 방황을 경험한다. 군중이란 용어는 근대 도시에서 생활하는 일상인들의 익명성과 서로의 서로에 대한 무관심을 가장 잘 대변해 주는 용어이다. 그들은 기계적이고 규격화되어 있는 도시적 생활 방식에 이미 익숙해 있는, 그래서 바쁜 도시의 일상적 삶을 유지해 나가기 위해서는 굳이 자기와 직접적으로 관련이 없는 이들에 대한 필요 이상의 관심은 금물이라고 생각하는, 불특정 다수의 무리이다. 도시의 밤거리에서 화자는 그 군중의 무리 속에 섞여들지만, 기질상 자신이 결코 그들과 같이 어울릴 수 없는 낯선 존재임을 발견한다. 그리고 이러한 소외감은 그의 내면에 이제까지와는 또 다른 진한 감상을 불러일으킨다. 그러한 감상은 위에서 보듯 까닭도 없이 눈물겨운, 어디서 왔는지 또 어디로 가야 할지도 모를 비애의 모습을 띠고 다가온다.

　아마도 그러한 감상성은 도시라는 차고 익명화된 공간에서, 그가 본능적으로 그리워하지 않을 수 없었던 인간들 사이의 끈끈한 정에 대한 그리움으로부터 촉발되었다고 볼 수 있으리라. 이러한 추론은 그의 시에 나타난 근대 도시 공간에서의 감상성의 문제가 사실상 앞서 검토해 보았던 고향 상실, 유년 상실에서 비롯된 감상적 태도와 밀접한 상관 관계를 지니고 있다는 것을 의미한다.

　이어지는 다음 구절들은 문명화된 도시의 그늘 아래에서, 그가 느껴야 했던 소외감과 인간간의 정에 대한 사무치는 그리움을 엿볼 수 있게 해주는 대목이다.

아— 내 하나의 신뢰할 현실도 없이
무수한 연령을 낙엽같이 띄워 보내며
무성한 추회(追悔)에 그림자마저 갈갈이 찢겨

이 밤 한줄기 조락한 패잔병 되어
주린 이리인 양 비인 공지(空地)에 호을로 서서
어느 머언 도시의 상현(上弦)에 창망히 서린
부오(腐汚)한 달빛에 눈물 지운다.
　　　　　　　　　　　—〈공지(空地)〉 일부—

슬픈 도시엔 일몰(日沒)이 오고
시계점(時計店) 지붕 위에 청동 비둘기
바람이 부는 날은 구구 울었다.

늘어선 고층 위에 서걱이는 갈대밭
열없는 표목(標木) 되어 조으는 가등(街燈)
소리도 없이 모색(暮色)에 젖어
　　　　　　　　　　—〈광장(廣場)〉 일부—

내 폐가(廢家)와 같은 밤차에 고단한 육신을 싣고
몽롱한 램프 우에
감상은 자욱—한 안개가 되어 내리나니
어데를 가도
뇌수를 파고드는 한줄기 고독.
　　　　　　　　　　—〈야차(夜車)〉 일부—

> 부두엔 등불이 밝고
> 외국상선들 때맞춰 꽃고동 울려도
> 손목 잡고 밤샐 친구 하나도 없이
> 아침이면 소요한 군중에 등을 밀리고
> 황혼이면 고단한 그림자 이끌고
> 이 다리 지난 지도 어언 한해
>
> —〈영도다리〉 일부 —

　밤의 도시는 그에게 피로와 방황, 고독, 그리고 그로 인해 빚어지는 인간에 대한 정과 눈물을 강요한다. 이는 자칫 병적 센티멘털리즘으로 흐를 우려를 지니고 있는 것처럼 비치기도 하는데, 이런 위험성을 그는 신선한 이미지와 상징화된 기법을 적절히 사용함으로써 교묘하게 극복해나가고 있는 것을 볼 수 있다. 그러나 이런 기법적인 측면의 이해보다도 이 부분의 해석에 있어 보다 강조되어야 할 사항은 겉으로 드러난 감상성의 이면에 자리 잡은 휴머니즘적인 태도이다. 도시를 배경으로 한 그의 감상적 시편들은 많은 부분 인간에 대한 본원적인 정과 그리움을 기초로 하여 완성된 휴머니즘에 그 뿌리를 두고 있다고 해도 과언이 아니기 때문이다.*

　한편, 앞서 지적한 바 있듯이, 이런 부분들은 보기에 따라서는 문명 비판적인 요소를 함축하고 있다고 생각될 수도 있을

---

* 이 점에 대해 김재홍이 김광균을 평하면서, "고독과 슬픔 속에서 생의 존재론적 의미를 긍정하고 옹호하려고 한 측면에서 휴머니즘의 시인에 속한다."라고 언급한 대목은 주의 깊게 눈여겨볼 필요가 있다. (김재홍, 「김광균 : 방법적 모더니즘과 서정적 진실」, 『한국 현대 시인 연구』, 일지사, 259쪽)

것이다. 사실 '군중 속의 고독'이라는 모티브는 이미 모더니즘 문학에서 말하는 주요한 문명 비판적 인식 가운데 하나이다. 그러나 우리가 여기서 주목해야 할 것은 김광균의 경우에 있어서는 그러한 모티브들을 도입할 경우에도 위의 예에서 보듯 지극히 개인적이고 주관적인 차원에 머물고 있다는 점이다. 따라서 모더니즘의 관점에서 이러한 문제들을 검토하려 할 경우에도 그의 시에 드러난 감상성의 이해 문제는 결코 소홀히 다루어서는 안 될 것이다.

(2) 회화적 이미지와 언어 조형력

1 이미지즘의 이해 문제

시에 나타난 감상적 특성에도 불구하고, 많은 학자들이 김광균의 시가 이미지즘과 밀접한 상관성을 지닌다는 사실에 대해서는 대체로 공감한다. 이 점은 특히 김광균 자신이 한 때 회화에 대해 상당한 정도의 관심을 가졌던 점, 그리고 시에 있어서 이미지, 즉 회화성을 구현해 보기 위해 여러 모로 애썼다고 술회한 점* 등으로 미루어, 시작 과정에서부터 의식적으로 추

---

* 다음과 같은 진술을 참고할 필요가 있다.
  "여기서 우리들은 음악의 본질이 구체적인 것보다 추상적인 것, 시각보다 청각, 수학보다 관념으로 성립된 것을 생각해 볼 필요가 있다. 오늘의 문명이 추상적인 것보다 구체적인 것, 청각보다 시각, 관념보다 수학으로 조직된 것으로 보아, 우리가 탐구할 형태가 보다 음악적인 것에서 보다 조형적

구된 것으로 보인다. 확실히 그의 시들은 회화적, 조각적 이미지들에 편중되어 있는 것이 사실이다.

그렇다면 이미지스트로서의 그의 면모를 자세히 살펴보기에 앞서, 우선 서구에 있어 이미지즘이란 어떤 사조인지, 그리고 1930년대 한국의 이미지즘은 어떻게 전개되어 나갔는지에 대해서 간략하게나마 짚고 넘어가는 것이 순서일 듯하다.

1) 모더니즘과 이미지즘의 관계

모더니즘만큼 많은 논란의 여지를 내포하고 있는 단어도 드물 것이다. 제1차 세계대전과 제2차 세계대전 사이의 짧은 기간 동안 구미 각국에서 동시 다발적으로 발생한 잡다한 현대 예술 사조들을 한꺼번에 통칭하는 이 명칭은 그 범위의 광범위함만큼이나 일목요연한 개념 정립이 사실상 불가능한 것으로 인식되어 왔다. 이와 같은 개념상의 애매함은 종종 일부 학자들로 하여금 모더니즘에 관한 한 '어떠한 통일된 전망도, 일치된 미학적 실재도 드러내지 않는다'[39]라거나, 혹은 '모더니스트들의 수만큼 많은 모더니즘이 존재한다'[40]와 같은 극히 비관적인 전망을 제출하게끔 하기도 하였다. 그럼에도 불구하고 한 가지 분명한 사실은 문예상의 모더니즘이란 결국 근대 자본주의 성립 이후의 모더니티를 매개로 한 미적 발현 방식으로 정리되며, 이 경우 모더니티의 불안정성 및 역동성은 그대로 모

인 것으로 될 것은 넉넉히 자신할 수 있다. 대전 이후로 미래파, 입체파, 초현실파 이렇게 시가 회화 운동과 행동을 같이해 온 것이 결코 이유가 없는 것은 아니다." (김광균, 「나의 시론」, 『와우산』, 범양사출판부, 1978, 62쪽)

더니즘의 그것에로 연결될 수 있다는 점일 것이다. 그러므로 모더니즘의 다양성은 당시 서구 각국이 처한 사회 문화적 여건이나 역사적 배경의 차이와도 무관하지 않다.

대체로 보아 모더니즘은 크게 신고전주의적 성향이 주류를 이루는 영미 계열의 것과 신낭만주의적 성향을 지닌 독일, 프랑스 중심의 대륙 계열의 것으로 양대별된다.41) 구체적으로 전자의 예로는 신고전주의와 이미지즘 등을 들 수 있을 것이며, 후자의 경우는 보다 다양해서 다다이즘과 초현실주의, 표현주의, 미래파, 입체파, 소용돌이파 등의 제 유파가 이에 포함된다. 영미 계통의 모더니즘이 고전주의적 흐름을 이어받아 재래의 질서와 전통, 체계, 이성 등에 일정한 관심을 유지하면서 이를 새롭게 현대적인 형태로 변화·발전시키는 데 중점을 두었다고 한다면, 대륙에서 발생한 모더니즘 운동들은 오히려 낭만주의와 유사하게 반전통과 과도기적 불안, 위기 의식, 그리고 이성에 대한 회의 등을 의식적으로 강조한 쪽이었다. 따라서 이미지즘이 영미 계열의 모더니즘에 속한다는 사실은 이러한 양대 조류 가운데 상대적으로 덜 과격한 편에 속한다는 의미를 지닌다.

2) 이미지즘 시론

그렇다면 영미 계열의 모더니즘에 속한다는 이미지즘이 왜 전통과 질서, 지성 등에 관심을 가지게 되었으며, 또 특별히 이미지를 중시하게 되었는지를 따져 보지 않을 수 없다. 그리고 이 점에 관한 한 우리는 이미지즘 시 운동의 창시자라 할 수 있는 흄(T. E. Hulme)의 이론으로부터 시작할 필요가 있다.

흔히 '불연속적 세계관'으로 불리어지고 있는 그의 이론은 서구 르네상스 이후의 휴머니즘적 태도에 대한 비판적 인식으로부터 출발한다.* 그에 따르면 휴머니즘은 상대적인 원리에 의해 지배되는 유기적 세계와 절대적인 원리에 의해 지배되는 윤리적, 종교적 세계를 한 데 뒤섞는 치명적인 우를 범하고 말았다. 이러한 혼란의 결과 발생한 것 중의 하나가 바로 문학에 있어서의 낭만주의라고 진단하고 있거니와, 흄은 휴머니즘과 낭만주의의 붕괴를 필연으로 보고 이들을 넘어선 새로운 세계관의 도래를 예견한다. 이른바 생명적 예술 대 기하학적 예술이라는 이항 대립 구도가 여기서 파생된다. 그리고 그 연장선상에 낭만주의와 고전주의 사이의 양식적 대립이 놓이게 된다. 이들 대립 쌍은 시대를 번갈아 가며 서로 상대방에 대해 우월적인 지위를 누렸다. 흄은 자신이 활동하는 시대를 휴머니즘에 기반을 둔 생명적 예술과 낭만주의가 드디어 한계점에 다다른 시기로 이해하며, 이를 대신할 새로운 기하학적 예술과 고전주의적인 문학 양식의 도래가 반드시 이루어질 것으로 기대하였다.

흄이 주장한 이미지즘 시론은 이와 같은 기하학적 예술과 고전주의적 양식에 대한 그의 이해를 기반으로 구축된 것이다. 그는 낭만주의 시대의 시는 절대적인 완전성을 최고의 가치로 추구하였다고 보았다. 그 결과 서사시에서와 같은 광범위한 주제와 스케일을 선호하게 되었다. 이는 무엇보다도 인간 상상력

---

* 이하 전개되는 흄의 이론은 주로 그의 저서인 *Speculations*, London : Routledge & Kegan Paul Ltd., 1971에서 발췌한 것이다.

의 자유로움과 무한함을 강조한 결과이다. 그러나 흄이 보기에 인간이란 어디까지나 유한하며 불완전한 존재일 수밖에 없다. 동시에 인간의 불완전함을 보완할 수 있는 질서와 규율, 체계란 필수 불가결한 요소이다. 그런 관점에서, 그는 전대의 낭만주의 시에서와는 달리, 새로운 시대의 시는 시인의 마음속에 떠오르는 순간적인 국면의 포착과 전달을 중시하여야 한다고 역설한다. 감정은 무절제하게 표출되는 대신 적절히 통제될 필요가 있으며, 반면에 시적 대상에 대한 정확하고 정밀한 묘사가 우선시된다. 직관과 이미지에 대한 흄의 강조는 바로 이런 이론적 바탕 위에 행하여진 것이다.

흄에 의해 이론적 기초를 닦은 이미지즘은 그 후 에이미 로우웰(Amy Lowell), 리처드 올딩턴(Richard Aldington, H. D.), 윌리엄 카를로스 윌리엄즈(William Carlos Williams), 에즈라 파운드(Ezra Pound) 등의 참여에 의해 본격적인 시 운동의 모습을 띠게 된다. 이들 가운데 가장 중요한 위치를 차지하고 있는 이는 물론 미국 출신의 시인 에즈라 파운드이다. 다소 극단적인 입장인 것 같기도 하지만, 그는 '수많은 작품을 생산해 내는 것보다 일생 동안 단 하나의 이미지를 표현하는 것이 낫다'고 주장한다. 그의 주장에 따르면 지금까지의 운율에 대한 구태의연한 생각으로 말미암아 시에서의 애매 모호함이 빚어지는바, 구체적인 언어의 사용과 명징한 이미지의 제시만이 그 대안이 될 수 있다는 것이다. 전대의 시가 운율의 주기성에 기초한 기계적인 박자 개념, 즉 음악적 요소를 주로 활용하였다고 한다면, 새로운 시대의 시에서는 시각적인 효과에 바탕을 둔 이미지의 회화적 요소가 좀더 강화되어야 한다는 것이 그의 생각이다. 여기에서도 알 수 있듯이 이미지즘 이론은 주로 미술 분야에서 직·간접적인 영향을 받은 것이다. 이미지나 직관, 언어 조형에 대한 관심 등은 회화적 관심과 사고의 소산인 것이다.

이와 같은 파운드의 이미지에 대한 강조는 1915년 발표된 이미지스트 그룹의 강령에도 그대로 포함되어 있는데, 그 전문을 옮겨 보면 다음과 같다.

1. 일상 용어를 사용할 것. 그러나 항상 정확한 말을 사용할 것. 정확에 가깝거나 또 단순히 수식적인 말은 사용하지 말 것.
2. 새로운 정조의 표현이라 할 수 있는 새로운 리듬을 지어낼 것. 낡은 정조를 반영하는 데 지나지 않는 낡은 리듬을 흉내내지 말 것. 우리들은 시를 쓰는 유일한 방법으로서 자유시의 주장을 고집하지 않는다. 우리들은 자유의 원칙을 위하여 노력하는 것과 같이 자유시를 위하여 노력한다. 우리들은, 시인의 개성은 인습적인 형식으로서보다는 자유시로서 더 잘 표현되는 것이라고 믿는다. 시에 있어서 새로운 운율은 새로운 사상을 뜻하는 것이다.
3. 주제의 선택을 절대로 자유롭게 할 것. 비행기와 자동차에 대하여 서투르게 쓰는 것은 좋은 예술이 아니다. 과거의 것에 대하여 솜씨 있게 쓰는 것은 반드시 나쁜 예술이 아니다. 우리들은 현대 생활의 예술적 가치를 진심으로 믿는 바이다. 그러나 우리들은 1911년의 비행기처럼 고무적이 못 되고, 또 새로운 분위기를 못 가지는 것은 없다고 지적하고 싶다.
4. 이미지를 제시할 것. 우리들은 화가의 일파가 아니다. 그러나 우리들은 시라는 것이 특수한 것을 정확하게 표현해야 하며 아무리 찬란하고 당당한 것이라 하여도 막연한 보편적인 것을

취급하여서는 안 된다고 믿는다. 이러한 이유로 우리들은 그 예술에 있어서의 실제의 곤란을 회피하는 것으로 보이는 질서 정연함을 주장하는 세상 시인에게 반대하는 것이다.
5. 조각같이 확연하고 눈에 명백히 보이는 시를 지을 것. 멍하고 흐릿하고 막연한 시를 쓰지 말 것.
6. 마지막으로 우리들의 대부분은 중점 집중이 시의 바로 본질이라고 믿는다.42)

결국 위에서 파운드 등이 강조했던 이미지란 흄이 주장하였던 고전주의적인 분위기를 그대로 이어받은 건조하고 견고한 (dry and hard) 성격의 이미지임을 알 수 있다. 이러한 이미지의 창출에 있어 흄이 직관의 절대적인 우위를 강조했던 데 반해, 파운드는 지성의 작용 역시 신중하게 고려되어야 함을 주장한다.* 파운드는 이미지란 직관을 포함한 정서와 지성의 상호 작용에 의해서 이루어지는 산물로 이해하고, 그것에 대해 '지적, 정서적 복합체'라는 정의를 내린다. 그에 따르면 한 편의 시에서 이미지에 조형성과 통일성을 부여하는 것은 어디까지나 지성의 도움 없이는 불가능하다.

3) 1930년대 한국에서의 이미지즘 시와 시론의 전개 양상

최재서와 김기림, 이양하, 임학수 등에 의해 서구의 모더니

---

* 영미 계열의 모더니즘이 흔히 '주지주의(Intellectualism)'로 불리어지고 있는 것은 이 때문이다. 문학에 있어 주지주의란 내용상 지성이 위주가 되는 것이라기보다는 대상(혹은 현상)을 대하는 방식, 즉 창작에 임하는 작가의 태도가 지적인 경우를 말한다.

즘 문학 이론이 단편적으로 수입·소개되기 시작한 이래, 시작에 있어서 이미지의 회화성에 대한 관심과 강조는 당대 한국 시단의 주변에서 심심찮게 거론되던 주제였다. 이상(李箱)의 예에서 보듯 대륙 계열의 전위적이며 과격한 신낭만주의적 성향의 모더니즘이 없었던 것도 아니지만, 대체적으로 보아 1930년대를 중심으로 전개된 한국 근대 시단의 흐름은 영미 계열의 비교적 온건하다 할 수 있는 신고전주의적인 모더니즘이 주류를 이루었던 것이 사실이다. 그리고 그 가운데 중요한 축을 차지하고 있는 것이 바로 김기림과 정지용, 김광균, 장서언 등에 의해 새로이 시도된 이미지즘 계열에 속하는 시들이다.

먼저, 이론적인 면에서 이를 가장 강력하게 뒷받침해 준 이로는 김기림을 들 수 있을 것이다. 일찍이 우리 문단에 서구의 근대 시론을 소개하는 데 앞장을 섰던 그는 영미의 이미지즘 이론과 당대 우리 시단에 나타난 이미지즘적 경향에 대해서도 상당한 관심을 드러내었는데, 이와 같은 그의 관심은 「1933년의 시단의 회고와 전망」, 「현대시의 기술」, 「모더니즘의 역사적 위치」, 「시단의 동태」 등과 같은 글 속에 단편적인 형태로나마 제시되어 있다. 일례로 그는 에즈라 파운드가 말한 세 가지 유형의 시 — 멜로포에이아(melopoeia), 파노포에이아(phanopoeia), 로고포에이아(logopoeia) — 를 소개하면서, 20세기의 시는 운율을 중심으로 한 음악성보다도 가시적인 회화성에 더 비중을 두고 있음을 지적한다. 뿐만 아니라 비평가적인 관점에서 정지용과 김광균, 신석정 등의 시에 나타난 이미지들의 회화적 성격에 대해 긍정적으로 기술함으로써 이들 시인의 입장을 적극 두둔

하기도 한다. 물론 여러 평자들이 이미 지적한 바 있듯이, 그가 영미의 이미지즘 이론을 부분적으로 오해한 측면이 있었던 것도 사실이다. 그러나 전체적으로 보아 그가 이미지즘 시론의 핵심을 비교적 정확하게 이해하고 있었으며, 더욱이 이전까지는 자연 발생적인 수준에 불과했던 위의 시인들의 시작 활동에 일정한 방향성을 부여하였음과 동시에 이들의 활동을 이론적으로 후원하여 주었던 점 등에 대해서는 문학사적으로 정당하게 평가를 해주어야 할 것이다.

 한편, 정지용은 창작 면에서 이미지즘의 특성을 보인 시인이다. 특히 이미지즘에서 강조하는 즉물성, 감각적인 표현 및 참신한 언어 조형 능력에 관한 한 그는 당대의 어느 시인보다도 탁월한 경지를 보여준다.

  바다는 뿔뿔이
  달어 날랴고 했다.

  푸른 도마뱀떼 같이
  재재발렀다.

  꼬리가 이루
  잡히지 않았다.

  흰 발톱에 찢긴
  산호(珊瑚)보다 붉고 슬픈 생채기!

        —〈바다 2〉 일부—

유리(琉璃)에 차고 슬픈 것이 어린거린다.
열없이 붙어서서 입김을 흐리우니
길들은양 언 날개를 파다거린다.
지우고 보고 지우고 보아도
새까만 밤이 밀려나가고 밀려와 부디치고,
물먹은 별이, 반짝, 보석(寶石)처럼 백힌다.
밤에 홀로 유리(琉璃)를 닦는 것은
외로운 황홀한 심사이어니,
고흔 폐혈관(肺血管)이 찢어진 채로
아아, 늬는 산(山)ㅅ새처럼 날러 갔구나!

—〈유리창(琉璃窓) 1〉 전문—

    위의 두 편의 시에서 느낄 수 있는 것은 그가 이미지를 매개로 한 상상력의 비약과 연상 작용을 자유자재로 활용할 줄 아는 시인이라는 점이다. 더군다나 그 이미지들은 발상이나 태도가 과거의 어느 것과도 비교할 수 없을 정도로 독창적이며 참신하다. 이미지 하나하나가 그에 걸맞는 구체성과 감각성을 확보하고 있다는 점 역시 주목된다. 그러면서도 각각의 이미지들이 제각각 따로 놀지 않고 전체의 틀 안에서 치밀하게 잘 조직되어 있다는 느낌을 준다. 이러한 점들은 비록 정지용이 이미지즘을 이론적으로 완벽하게 섭렵하고 이해하지는 못했다 할지라도, 그것의 실천적인 측면에 있어서만큼은 당대의 어떤 시인보다도 앞서 있었음을 입증해주는 것일 수 있다.
    김기림과 정지용 등에 의해 처음 시도되기 시작한 이미지즘적 경향의 시는 그 후 몇몇 시인들의 후속적인 참여에 의해 보다 다채롭게 전개된다. 구체적으로 이 테두리에 포괄될 수 있는 이들로는 신석정·장서언·오장환·김광균·함형수 등을 들 수 있을 것이나, 이 가운데 가장 두드러진 활동을 보인 이로는 역시 김광균을 지적하지 않을 수 없다.

2 이미지즘에 이르게 된 경위

시작 초기부터 김광균이 뚜렷하게 이미지스트로 자처했던 것은 아니다. 이미 지금까지 살펴보았던 바와 같이, 그는 오히려 자신을 이미지스트로 바라보는 주위의 시선을 부담스러워 할 정도였다. 물론 그도 자신의 시론이라 할 수 있는 몇몇 글들을 통해 모더니즘 문학 이론을 지지한 적은 있으나, 그 논의의 수준이나 심도로 보아 그가 서구의 이론을 정확하게 섭렵하고 이를 속속들이 이해한 것으로 보이지는 않는다. 이러한 그의 반응은 적어도 이 문제에 관한 한 그가 뚜렷이 의식적이거나 자각적인 상태에서 출발하지 못했음을 의미한다.

어느 날 밤, 나는 술이 반취하여 계동 집 사랑에서 책을 뒤적거리고 있는데, 9시가 지나 손님이 느닷없이 찾아 왔다.
손님은 박인환이었는데, 주기를 약간 띠고 있었다. 박청년은 앉더니 김기림을 영국 문학자 흄(Hulme, Thomas Ernest; 1883~1917)으로 치고 있는데, 김 선생은 우리 나라에서 치면 영국의 어느 시인에 해당하느냐며 영국 시인 중에서 누구를 주로 읽고 있느냐는 질문을 하였다.
나는 그 날 밤, 박인환에 대하여 그리 좋은 인상을 가지지는 않았다.

왜 그런고 하니, 약속도 없이 밤 늦게 내 집 문을 두드릴 만큼 친교도 없었고, '김선생' 소리를 듣는 것도 반갑지 않았고, 나는 영시를 한 사람도 아닌데 "너는 영국 시인의 누구에 해당하느냐?"는 물음도 마땅하지 않았었다.
　나는 영국 시인은커녕 영어를 한창 배우는 중이어서 원서로 영시를 읽는 주제도 못되고, 따라서 나를 영국 시인에 비교하지는 말라고 퉁명스럽게 대답을 하고, 번역으로 읽는 영시를 가지고 왈가왈부하기 싫다고 하여 그 날 밤은 씁쓸하게 헤어졌다.43)

　위의 박인환과의 에피소드는 당시 김광균의 영미 모더니즘에 대한 이해의 수준이 어느 정도였는지를 짐작케 해준다. 영어 원전은 고사하고 번역판도 제대로 구해볼 리 만무했을 당시의 사정으로는 이 분야에 대한 깊이 있는 이해를 기대한다는 것 자체가 무리라는 생각이 든다. 특히나 위에서 알 수 있듯이, 이 당시까지만 해도 그의 영어 실력은 보잘것없었다. 단지 그가 영미 모더니즘이론으로부터 영향을 받은 것이 있다고 한다면, 이는 필시 김기림을 비롯한 그의 문단 선후배와 동료들로부터 간접적으로 전해 들은 것이 대부분이었으리라는 추측을 낳게 한다. 이런 예에서도 알 수 있듯이 그가 영미 계열의 이미지즘을 이론적으로 완벽하게 이해하고 이를 자신의 시작 과정에서 적용시켜 보기 위해 노력하였을 것으로 기대한다는 것은 애당초 무리일 수밖에 없다.
　그러나 다른 한편으로 그는 김기림과의 만남을 기화로 하여, 그 영향 아래 서구의 현대 회화에 대해 상당한 관심과 흥미를 지니게 되었다. 화가 친구들과도 자주 어울리게 되고, 그들과

접촉하는 동안 그는 현대 회화에 대한 안목을 넓혀 나갈 수 있는 기회를 마련한다. 그는 이 점에 있어 사뭇 적극적이었다. 아래 인용문은 이 당시 그의 내면 풍경을 엿볼 수 있게 해주는 한 대목이다.

    시는 새로운 어법을 다듬고 상징주의의 황혼을 벗어난 문명의 리듬을 타려고 애를 썼으며 기차 소리와 공장의 소음, 도시의 애수와 울부짖음 속에서 회화를 찾으려 하였다. 그런데 삼십년대 회화는 어느 의미로든 시보다 조숙하였다. 시는 그림과 함께 호흡하면서도 앞서가는 회화를 쫓아가기에 바빴고 이런 무형의 운동이 그 운명이 오래가지도 못하였다.[44)]

  '시는 그림과 함께 호흡하면서도 앞서가는 회화를 쫓아가기에 바빴'다는 그의 진술은 이미 문단의 일각에 있는 시인으로서 인접 예술인 미술에 대한 이끌림과 열등 의식을 숨김없이 고백한 내용이다.

  이런 인식이 가능하게 된 이유 중 하나는 복제 기술의 발달로 인해 일반 대중들조차도 예술 작품의 모조품이나 복사물들을 접한다는 것이 이제 더 이상 불가능한 일로 여겨지지 않았던 탓도 있다. 이 점은 특히 각국의 개별 언어를 매개로 삼아 해석과 번역의 중간 과정을 거쳐야 하는 문학 분야보다 시각적이며 즉물적인 인식을 강조하는 미술이나 조각, 영화 분야에서 더욱 큰 파급 효과를 몰고 왔다. 사진술의 발달로 서구 유명 화가들의 도판 화집이 출판·보급되면서, 어렵게나마 이를 입수하여 현대적인 화풍과 그 특성을 살펴본다는 것이 일단 가능해졌기 때문이다.

  그 위에 그가 자주 어울리는 일단의 화가들의 화풍 또한 그의 시작 과정에 적지 않은 영향을 미쳤다. 그리고 또한 그들을 통해 서구와 일본 현대 회화의 거장들의 면면과 화풍에 대해 점점 더 깊이 알게 되었다. 특히 이 시기에 그가 주로 관심을 가지고 보았던 것은 고흐나 세잔류의 인상주의 화풍의 그림들이었다. 이들 그림에서 나타나는 조형적 구도와 공간 배치, 동원된 소재들의 입체감과 양감, 두터운 질감 묘사 등은 그의 시작에도 적지 않은 영향을 미친 것으로 생각된다. 인상파 회화에서 중요시되는 선·색채·빛 등의 작위적인 결합과 배치는 엄격한 건축학적 구성과 조형적 방법론에 바탕을 두었던바, 기교적 차원에서 이를 시의 경우에 적용시켜 볼 만하다고 판단되었던 것이다. 대상을 주관적인 관점에 의해 왜곡하고 변형시키려는 태도는 그간 김광균 시의 중요한 작시적 특성으로 지적되어 온 것인데, 이 점 역시 인상파의 화풍 및 특성과 일정정도 상관성을 지니는 것으로 볼 수도 있을 것이다.

  기법 외에, 시의 바탕이 되는 재료도 문제였다. 회화의 바탕이 되는 시각 이미지를 언어 예술인 시에서 기능적으로 표현해내기 위해서는 재래의 자연 외에 도회풍의 화려한 소재들이 새로 동원될 필요가 있었던 것이다. 도시란 시각 문명의 압도적인 우위를 근본 바탕으로 성립된다. 그러므로 시각 이미지를 구현하는 데 있어 도회적인 소재와 감각을 동원하는 것은 어쩌면 필연적인 것으로 생각될 수도 있다. 김광균의 시에 등장하는 기차, 와사(가스)등, 교회당, 광장, 씨네마(영화), 전신주 등은 모두 서구적이며, 도회적인 분위기를 이끌어 내는 데 유용한 소재들이다.

때마침 정지용과 오장환 등의 도회적이며 세련된 이미지를 위주로 한 시들의 등장은 시에 대한 회화적 이해와 맞닿아 있는 그의 시작 의욕을 자극시키기에 충분한 것이었다. 결론적으로 김광균은 이미지즘 이론 자체에서 출발한 것이 아니라, 오히려 당대 서구 회화에 대한 자신의 기호와 언어 예술에 대한 자각을 기초로 텍스트 창작에 임했다고 보아야 옳을 것이다. 다만 김기림 등의 옆에서 그의 이미지즘 등에 대한 어느 정도의 기초적인 인식을 도왔을 것임은 충분히 짐작되는 일이다.

3 김광균 시에 나타난 이미지의 구체적 발현 방식

1) 색채 이미지

김광균 시의 회화성이 시각적 효과와 독특한 색채 이미지로 터 출발한다는 점에 대해서는 대부분의 연구자들이 공통적으로 긍정하고 있다. 회화적 이미지의 활용이 이미지즘 시론의 가장 기초적인 유형임을 감안할 때, 그간 그의 시가 이미지즘의 각도에서 집중 조명을 받아온 것은 충분한 이유가 있다고 생각된다. 한 자료 조사에 의하면 시집 『와사등』에 수록된 23편의 시에서 총 73개의 색채 감각어를 찾을 수 있다고 한다.[45] 이 정도의 빈도수라면 그는 정지용을 비롯한 당대의 어떤 시인보다도 훨씬 이 부분에 민감하였다고 할 수 있을 것이다.

한 가지 특징적인 사실은 그의 시에 동원된 색채 이미지들이 사물이나 자연 본래의 색과 다른 모습으로 제시되어 있는 경우가 빈번하다는 점이다.

>해바라기의 하—얀 꽃잎 속엔
>퇴색한 작은 마을이 있고
>마을 길가의 낡은 집에서 늙은 어머니는 물레를 돌리고
>―〈해바라기의 감상(感傷)〉 일부 ―

>조그만 등불이 걸려 있는 물결 위으로
>계절의 망령같이
>검푸른 돛을 단 작은 요트가
>노을을 향하여 흘러내리고
>―〈지등〉 '호반의 인상' 일부 ―

>나는
>유리빛 황혼을 향하여 모자를 벗고
>―〈벽화〉 일부 ―

>푸른 옷을 입은 송아지가 한마리
>조그만 그림자를 바람에 나부끼며
>서글픈 얼굴을 하고 논둑 위에 서 있다.
>―〈성호부근(星湖附近)〉 일부 ―

위의 예에 등장하는 '해바라기의 하—얀 꽃잎'이나 '검푸른 돛을 단 작은 요트', '유리빛 황혼', '푸른 옷을 입은 송아지' 등은 그것 본래의 고유색과는 거리가 멀다. 이런 왜곡된 결과는 사물이나 자연 현상을 시인 자신의 주관적인 감정을 드러내기

위한 재료로 활용하였기 때문으로 풀이된다. 조동민은 이런 김광균 시의 작시상의 특성을 '절대 심안(絶對心眼)'이라는 말로 요약, 정리한다. 여기서 그가 말하는 절대 심안이란 시인 자신의 내부의 느낌의 눈으로 사물과 현상을 들여다보는 것을 말한다.46)

또한 그의 시에 드러난 색채 이미지의 주요 특성 가운데 하나는 백색 계열의 색채어들이 압도적으로 많이 동원되고 있다는 점이다. 앞서 인용된 '해바라기의 하—얀 꽃잎'(《해바라기의 감상》) 외에도 '하—얀 기적 소리', '하이얀 추억'(《오후의 구도》), '하—얀 오후'(《산상정》), '하—얀 상복', '하이한 모색(暮色)'(《외인촌》), '하—얀 향수'(《SEA BREEZE》) 등등 일일이 다 열거할 수 없을 정도의 백색 계열의 시어가 사용되고 있음을 알 수 있다. 또한 이런 시어들 외에도 백색과 직·간접적으로 연관을 가지는 '눈'이라든가 '구름', '안개', '햇빛' 등의 시어 역시 그의 시에서 자주 등장하는 것들이다. 이와 같은 특성은 비슷한 시기에 활동하였던 시인 정지용이 비교적 고른 색채 감각을 지녔던 사실과는 대조를 이룬다.*

아래의 인용 구절들은 김광균 시에 나타난 백색 색채어들의 몇 가지 예들이다.

    저녁 바람이 고요한 방울을 흔들며 지나간 뒤
    돌담 위의 박꽃 속엔

---

* 정지용의 시집 2권에 수록된 121편의 시와 김광균의 『와사등』에 수록된 31편의 시를 비교 조사한 양왕용의 다음과 같은 통계 자료를 참조할 수 있다.

죽은 누나의 하―얀 얼굴이 피어 있고
―〈벽화〉 '남촌' 일부―

하이한 모색(暮色) 속에 피어 있는
산협촌(山峽村)의 고독한 그림 속으로
파―란 역등(驛燈)을 달은 마차가 한 대 잠기어 가고
―〈외인촌〉 일부―

바다에는
지나가는 기선이 하―얀 향수를 뿜고
―〈SEA BREEZE〉 일부―

색 이 름	1차적 정	1차적 김	2차적 정	2차적 김	3차적 정	3차적 김	총계 정	총계 김
흰 색	43	23			21	13	64	36
빨 간 색	40	3			10	2	50	5
파 란 색	36	15			7	3	43	18
검 은 색	18						18	
노 란 색	8				7	5	15	5
보 라 색			3	1	3	1	6	2
주 황 색			1				1	
칠색무지개			1				1	
초 록 색				2				2
유 리 색						1		1

위의 도표에서 '정'은 정지용을, '김'은 김광균을 가리킨다.
양왕용, 「30년대 한국시의 연구」, 『어문학』 26, 한국어문학회, 1972, 26-27쪽.

하이얀 입김 절로 가슴이 메어
   마음 허공에 등불을 켜고
   내홀로 밤깊어 뜰에 내리면

   　　　　　　　─ 〈설야(雪夜)〉 일부 ─

   김광균이 자주 사용한 백색 계열의 색채 이미지는 그의 시 속에서 어떤 의미와 효과를 생산해 내는가. 물론 백색 계열이 사물이나 자연의 객관적 색채를 반영한 예가 없는 것은 아니지만('흰 구름', '흰 눈' 등), 상당수는 죽음과 소멸, 허무, 비애, 고독, 추억, 향수 등 주로 애상적인 분위기와 느낌을 불러일으키는 데 기여하는 것을 볼 수 있다. 또한 백색의 이미지는 공간적으로 먼 곳을, 시간적으로는 옛 과거를 환기케 하는 주요한 수단이 된다. 백색 계열의 색감을 시어로 채용할 때, 그는 자주 '하─얀'이나 '하이얀' 등으로 의식적으로 음절을 길게 늘이면서 강조하는 것을 볼 수 있는데, 이러한 강조법 역시 시, 공간적인 거리감을 강화하기 위한 기법으로 생각될 수 있다. 이러한 효과들을 통해, 김광균은 그의 시에 나타난 사물이나 자연 현상들을 보다 서정적이고 낭만적인 것으로 윤색하였던 것이다.

 2) 언어의 조형성

   회화적이며 시각적인 이미지의 활용이 돋보이긴 하지만, 김광균 시에 드러난 이미지들이 단순히 시각적인 데에만 머물렀던 것은 아니다. 이른바 공감각적 이미지들을 가장 능란하게 구사한 이 역시 그였던 것이다.

공백(空白)한 하늘에 걸려 있는 촌락의 시계가
여윈 손길을 저어 열시를 가리키면
날카로운 고탑같이 언덕 위에 솟아 있는
퇴색한 성교당의 지붕 위에선
분수처럼 흩어지는 푸른 종소리

―〈외인촌〉 일부―

위 구절의 마지막 행 '분수처럼 흩어지는 푸른 종소리'는 시각과 청각의 절묘한 균형과 조화로 그간 우리 현대시에서 공감각적 이미지의 대표적인 케이스로 자주 거론되어 온 것이다. 이러한 공감각의 제시를 통해 그는 자신의 텍스트에서 한층 역동적인 이미지를 창조하고 발전시켜 나갈 수 있었던 것이다. 그것은 기존의 색채 감각에 의존한 회화적 이미지들이 주로 정적이고 하강적인 속성을 지녔던 사실과는 대조를 보인다.

뿐만 아니라 그는 당시로서는 누구도 넘볼 수 없을 정도의 뛰어난 언어적 조형 능력을 발휘하여, 한층 생동감 있고 감각적인 표현을 끌어내는 데 성공하였다. 그는 비유적 이미지들을 통해 이 작업을 행하였던바, 여기서 그는 전혀 다른 성질을 지닌 어휘들을 비유의 쌍으로 설정하여 놓음으로써 독자들에게 이제까지 경험해 보지 못했던 참신함과 경이로움을 선사하였던 것이다.

〈1〉
양철로 만든 달이 하나 수면 위에 떨어지고

―〈성호부근〉 일부―

기차는 당나귀같이 슬픈 고동을 울리고
낙엽에 덮인 정거장 지붕 위엔
가마귀 한마리가 서글픈 얼굴을 하고
코발트빛 하늘을 쫍고 있었다.
　　　　　―〈지등(紙燈)〉'북청(北靑) 가까운 풍경' 일부―

〈2〉
오후의 노대(露臺)에 턱을 고이면
한장의 푸른 하늘은 언덕 너머 기울어지고
　　　　　　　　　―〈지등〉'창' 일부―

다만 귓가에 들리는 것은
밤의 층계를 굴러내리는
처참한 차바퀴 소리.
　　　　　　　　　―〈야차〉 일부―

〈3〉
바람에 불리우는 서너 줄기의 백양나무가
고요히 응고한 풍경 속으로
황혼이 고독한 반음을 남기고
어두운 지면 위에 구울러 떨어진다
　　　　　―〈향수의 의장(意匠)〉'황혼에 서서' 일부―

조각난 달빛과 낡은 교회당이 걸려 있는
작은 산 너머
　　　　　―〈향수의 의장〉'동화' 일부―

3. 시세계의 특색

⟨4⟩
바다 가까운 노대(露臺) 위에
아네모네의 고요한 꽃방울이 바람에 졸고
　　　　　　　—⟨오후의 구도(構圖)⟩ 일부—

보랏빛 들길 위에 황혼이 굴러내리면
시냇가에 늘어선 갈대밭은
머리를 헤뜨리고 느껴울었다
　　　　　　　—⟨해바라기의 감상⟩ 일부—

　위의 예들은 필자가 시전집 『와사등』(1977)에서 임의로 발췌한 것이다.
　먼저 ⟨1⟩에서 '양철로 만든 달'이라든가 '당나귀같이 슬픈 고동을 울리는 기차' 등은 자연과 인공(혹은 문명) 간의, ⟨2⟩에서 '오후의 노대'나 '밤의 층계' 등은 시간과 공간 간의, ⟨3⟩에서 '황혼이 …… 구을러 떨어진다'·'조각난 달빛' 등은 무형적인 것과 유형적인 것 간의, ⟨4⟩에서 '아네모네의 고요한 꽃망울이 바람에 졸고'·'갈대밭은 머리를 헤뜨리고 느껴 울었다' 등은 무정물(無情物)과 유정물(有情物) 사이의 구분을 의도적으로 파기하고 엇갈리게 결합시킴으로써 감각적 효과를 극대화한 예들이다.
　그러나 무엇보다도 강조되어야 할 것은 그가 추상적인 것과 관념적인 것들을 구상화시키는 데 있어 빼어난 감각을 지녔다는 사실이다. 원래 이미지즘에서는 이미지 형성에 기여하지 못하는 일체의 관념과 추상을 피하라고 주문한다. 때문에 이미지스트들은 가급적 관념이나 추상적인 어휘를 그들의 텍스트에서 배제하려는 경향을 보인다. 그러나 김광균의 경우는 이를 구상화하여 발전적인 형태로 극복해 보고자 했던 것이다.

> 어디서 날라온 피아노의 졸린 여운이
> 고요한 물방울이 되어 푸른 하늘에 스러진다
> ─〈산상정(山上町)〉일부─

> 바다는 대낮에 등불을 키고
> 추억의 꽃 물결 위에 소복히 지다
> ─〈풍경〉일부─

> 감상은 자욱─한 안개가 되어 내리나니
> ─〈야차〉일부─

> 나는 나의 목화(木靴)를 씻고
> 흘러가는 SEA BREEZE의 날개 위에
> 이지러진 청춘의 가을을 띄워 보낸다
> ─〈SEA BREEZE〉일부─

위에 보이는 '피아노의 졸린 여운이 고요한 물방울이 되어', '추억의 꽃물결 위에 소복히 지다', '감상은 자욱─한 안개가 되어', '이지러진 청춘의 가을을 띄워 보낸다' 등은 관념이나 추상적인 개념어들을 구상화시켜 표현해 낸 사례에 속한다. 이 점은 당대 문단에 적지 않은 파장을 불러일으켰는데, 특히 백철의 경우 이러한 김광균 시의 특성을 두고, '김광균은 황혼과 노래 소리와 심지어는 사람의 의식까지도 하나의 유형적인 것으로 개조해서 본다'47)라고 평하며 극찬을 아끼지 않는 것을 볼 수 있다.

문제는 이러한 관념이나 추상의 구상화가 단순히 감각적 선명성만을 추구한 것은 아니라는 점이다. 자세히 살펴보면 위에서 갖가지 형태의 비유를 활용하는 경우에 있어서나, 관념이나 추상적 개념어들을 구상화하는 데 있어서 발생하는 감각적 이미지들은 한결같이 소멸과 상실로 인해 빚어진 감상적 분위기를 드러내는 데 일조하는 것임을 알 수 있다. 다시 말해서 그는 이와 같은 구상화 작업을 통해, 자신의 내면 정서를 보다 효과적으로 표출해 내고자 했던 것이다.* 이와 같은 정서의 시각화, 구상화는 그가 단순한 이미지즘 시인이 아님을 뜻한다. 원래 이미지즘에서 말하는 이미지란 이미 앞에서 살펴보았듯이 주지주의적인 성향의 건조하고 견고한 이미지를 의미한다. 그 위에 언어의 명징성과 투명함에 대한 시인의 의지가 이와 같은 이미지 창출에 중요한 역할을 하는 것이다. 그러나 김광

---

* 이 점에 대해 김재홍 교수는 〈와사등〉의 예를 들어 다음과 같이 지적한다. "이 시(〈와사등〉)가 모더니즘적인 지향을 보여준 것은 분명한 사실이다. 그렇지만 김광균이 서구적인 의미에서 이미지의 완벽한 제시 혹은 주지적 전형 창조 그 자체에 목표를 두었다고는 보기 어렵다는 점이다. 오히려 그의 시는 낭만적인 서정시를 효과적으로 쓰기 위해서 모더니즘적인 여러 방법, 특히 이미지즘적인 기법을 활용하는 것으로 보는 것이 옳을 듯하다." (김재홍, 「김광균 : 방법적 모더니즘과 서정적 진실」, 『한국 현대 시인 연구』, 일지사, 1986, 250쪽)

균의 경우는 그것이 도리어 내면의 감상적이고 애상적인 감정을 효과적으로 드러내는 도구로 활용됨으로써 서구적인 개념에서의 이미지즘과는 사뭇 다른 양상을 보이고 있다. 이와 같은 양상은 그를 비롯한 대부분의 한국 모더니즘 시인들의 특징적인 면모이기도 하다.

(3) 현대 문명에 대한 태도

김광균에게서 우리가 모더니스트(이미지스트)로서의 풍모를 발견하는 것이 가능하다고 한다면, 현대를 대하는 그의 감각이나 태도가 어떤 기초 위에 성립된 것인지를 텍스트를 통해 좀 더 면밀하게 관찰할 필요가 있을 것이다. 서구에서의 모더니즘이 현대 문명에 대한 일정한 감각 위에 기초한다고 했을 때, 이 말은 궁극적으로 서구 자본주의의 세계화 과정과 따로 분리하여 생각할 수는 없다. 근대화란 자본주의화이며, 이는 결국 서구화와 통한다고 생각되었던 이유도 여기에 있다.* 이러한 심하게 단순화된 도식이 때론 초창기 한국 모더니즘 문학이 지닌 경박성의 근원으로 작용한 것도 사실이지만, 어느 정도의

---

* 물론 이러한 논리가 주체성의 자각이라는 근대화의 또 다른 중요한 축을 망각하고 있다는 사실은 분명히 짚고 넘어가야 한다. 그러나 초창기의 제 3세계 지식인들에게 있어, 보다 급선무는 서구의 발달된 문물을 하루빨리 도입·소개하는 것이라고 할 때, 이러한 주체성의 논리는 적어도 일정 기간 동안만이라도 유보되지 않을 수 없었던 것 또한 사실이다.

시간이 흐른 뒤에는 많은 경우 경박성이라는 초기적 한계를 벗어나서, 현대 문명 그 자체에 대한 비판적 시각을 확보하게 되었던 것이다. 김광균의 경우 역시 그러하였다. 이를 추출해 내기 위해서는 초기의 시문들로부터 그의 글에 나타난 현대 문명에 대한 인식과 태도를 살펴보는 작업이 필요하다.

1 모더니티 확보를 위한 근본 문제

"조선에서는 '모더니스트'들에 이르러 비로소 '20세기의 문학'은 의식적으로 추구되었다"[48]라는 김기림의 말에서처럼, 모더니즘의 등장은 우리 문학사에서 문학 텍스트의 동시대성 획득에 일익을 담당했던 것으로 기록되고 있다. 거칠게 말한다면 그것은 현대 문명과 관련된 외부적인 현실 조건의 변화를 어떻게 문학 내부로 끌어들이느냐 하는 문제를 의미한다. 자연 여기서 구체적인 방법론의 문제가 제기될 수밖에 없었고, 그것을 바라보는 시각에 있어 모더니스트들은 카프 계열의 리얼리즘 문학과는 적잖은 편차를 드러내었던 것이다.

'모더니즘'은 우선 오늘의 문명 속에서 나서 신선한 감각으로써 문명이 던지는 인상을 붙잡았다. 그것은 현대의 문명을 도피하려고 하는 모든 태도와는 달리 문명 그것 속에서 자라난 문명의 아들이었다. 그 일은 바꾸어 말하면 우리 신시 사상에 비로소 도회의 아들이 탄생한 것이다. 제재부터 우선 도회에서 구했고 문명의 뭇면이 풍월 대신에 등장했다. 문명 속에서 형성되어가는 새로운 감각·정서·사고가 나타났다.[49]

식민지 시대 이 땅의 대표적인 모더니즘 문학 이론가인 김기림은 모더니즘을 '문명의 아들' '도회의 아들'로 규정했다. 이때 그가 말하는 문명이란 물론 서구화된 현대 도시 문명을 지칭하는 것이다. 그러한 문명의 테두리 속에서 포착되는 감각과 정서, 사고가 모더니즘의 기본 바탕임을 위 인용문은 밝히고 있거니와, 김기림의 이러한 주장은 그대로 이 시절 모더니즘 시인과 작가들의 입장을 공식적으로 대변하고 있다고 보아도 좋을 것이다.

그가 시에 있어서 시대 정신의 측면을 유달리 강조한 것도 따지고 보면 이런 맥락에서임이 드러난다. 모더니즘에 있어 시대 정신이란 결국 문명에 대한 일정한 관점 내지 태도이며, 그것은 곧 현실에 대한 이해 방식과 일치하는 것이기 때문이다. 그는 그와 같은 자신의 논리를 발전시켜, 이데(이데올로기 = 시대 정신)의 혁명이 양식의 혁명으로 나타난다는 주장을 펼침으로써 모더니즘 시론의 근거로 삼게 되는데, 이 점에 관한 한 가장 문제가 되는 것은 모더니즘에서 말하는 소위 '현실' 개념을 정확히 파악하는 일일 터이다. 왜 그토록 현실이 문제가 되는가. 이에 대한 대답은 모더니즘 도입의 근거가 다만 우리를 에워싸고 있는 외적 환경이 바뀌었다는 것으로만 설명되어지지 않는다는 데 있다. 모더니스트들에게 있어 현실이란 우리 눈에 비치는 그대로의 현실이 아니라, 자신의 주관적 의식 세계를 투영시킨 결과로서의 '재생산된 현실'을 의미하기 때문이라는 것이다.

이 점에 대한 김기림의 설명은 다음과 같다.

시인의 시야를 채우며 또 그 의식에 떠오르는 수없는 현실의 단편을 그 자신의 목적에로 향하여 선택하여 새로운 의미 세계를 만드는 것이다. 왜 그러냐 하면 언어라고 하는 것은 기호이기 때문이다. 그것은 수없는 현실의 단편의 어느 것을 대표하거나 또는 그 상호간의 관계를 표시하기 때문이다. 따라서 시인은 평범한 눈이 발견할 수 없는 현실의 어떠한 새로운 의미를, 또 한편으로 언어가 가지고 있는 숨은 의미를 부단히 발굴하여 보여주는 것이다. 사람들은 시인의 도움으로 현실의 숨은 의미를 이해함으로써 그의 인생을 더 풍부하게 할 수 있을 것이다. (중략) 이리하여 시는 새로운 현실의 창조요 구성이다. 이렇게 새로이 출현한 현실의 재생산은 다시 말하면 한 새로운 '의미의 통일이며 조직'이 되는 것이다.[50]

위에서 김기림은 현실과 언어 기호와의 상관성까지를 염두에 두면서 이 문제에 접근해 들어가고 있는 것을 볼 수 있다. 이 때 현실이란 다시 말해서 '의식에 떠오르는 수없는 현실의 단편을 그 자신의 목적에로 향하여 선택하여 새로운 의미 세계를 만드는 것'을 지칭하는바, 이는 모더니즘에서 말하고 있는 새로운 현실 세계의 창조를 위한 '선택' 및 '구성' 개념을 내포하고 있음을 알 수 있다. 곧 모더니티는 외적 현실 이전에 현실을 대하는 작가의 태도이며, 그것이 태도인 이상 현실에 대한 일정 정도의 왜곡은 불가피하다고 할 수 있다. 그 왜곡의 기준에 해당하는 것이 바로 시대 정신이며, 이는 결국 문명을 대하는 작가 자신의 관점 내지 태도와 일치한다. 이를 김기림은 재생산과 같은 다소 완곡한 표현법으로 말하고 있는 것이다. 여기서 유의하여야 할 점은 텍스트에 있어서 이러한 현실의 재생산, 혹은 선택이나 구성이 다만 소재나 내용적인 측면에만 머무는 것이 아니라 필연적으로 양식적인 특성에까지도 영향을 미칠 것이라는 점이다.

사정이 이와 같다면, 김광균은 이러한 모더니즘의 현실 개념을 과연 어떤 방식으로 이해하고 적용시키려 했던가. 이를 알아보기 위해서는 무엇보다도 다음과 같은 세 가지 각도에서의 접근이 필수적이다. ① 현대적 감각과 정서의 지표로서의 기호들의 텍스트 내외적 쓰임과, ② 서구적인 현대 도시 문명을 대하는 태도, 그리고 ③ 현대시에 있어서의 형태와 사상의 연관성에 대한 그의 견해가 바로 그것이다.

2 현대 감각의 기호들

김광균에게서 현대 문명과 관련된 갖가지 기호들을 찾기란 그리 어려운 일이 아니다. 실제 그의 텍스트들을 하나하나 검토해 보면 '전신주, 와사등, 기적 소리, 고가선, 신호등, 풍속계' 등 각종 도회적이고 현대적인 어휘들이 자주 등장하고 있음을 알 수 있다. 또한 '시그널, 씨네마, 로우터리, 포스트, 스피이커, 바리에테, 글라스' 등 외국어를 그대로 노출시킨 경우도 심심지 않게 접하게 되는데, 이와 같은 예들을 통해 한 가지 제기될 수 있는 의문은 현대 문명을 대하는 그의 시각이 극히 감각적이며 소재적인 차원에 머문 것이 아닌가 하는 점이다. 그리고 이러한 인식과 태도는 그간 김광균 문학의 약점으로 지목되어 온 것이 사실이다.

이 글 역시 기존의 이런 견해로부터 그다지 크게 벗어난 것이라고 할 수는 없다. 김광균의 텍스트가 특히 기법적인 측면에서 당대의 어느 시인도 범접하기 힘들 정도의 상당한 정도의 성과를 거둔 것은 사실이지만, 그에 반해 모더니티의 본질 자체와 관련된 깊이 있는 인식에는 도달하지 못한 것으로 볼 수 있기 때문이다. 근래, 이런 기존의 인식을 불식시키고 김광균 문학의 새로운 가능성을 엿보기 위하여 시각적 변화를 꾀한 몇몇 논의들이 제출된 바가 없지는 않으나, 실제 이들 글의 내용을 원전과 비교·검토해 보면 상당 부분 정도 이상으로 부풀려졌다거나 확대 해석되었다는 느낌을 지울 수 없다. 설혹 그의 텍스트에서 간접화된 방식으로나마 모더니티와 관련된 몇 가지 문제들을 거론할 수 있다 하더라도, 그러한 이해 방식이 김광균 자신의 투철한 내적 자각의 기반 위에 성립된 것으로 생각되지는 않는다.

그러나 위에서 거론된 바와 같이, 시대 정신의 시적 발현에 있어 현실의 문학적 재생산을 위한 작가 자신의 선택이나 구성의 중요성에 눈을 돌린다면, 그의 텍스트에 자주 동원되었던 특징적인 소재들에 대해 관심을 가지는 것도 전연 의미 없는 일이라고 할 수는 없을 것이다. 이와 같은 소재들의 활용이나 쓰임을 검토해 봄으로써 현대 문명을 대하는 그의 태도와 감각을 한정적인 시각에서나마 거론할 수 있으리라 생각되기 때문이다.

구체적으로 이 경우 김광균의 텍스트에서 그의 모더니티 인식과 관련된 주요 지표로 작용하고 있는 것으로 판단되는 항목은 전기, 기차, 영화, 다방 등 네 가지 요소로 집약된다.

1) 전 기

김광균에게 있어서 현대 문명과 연관된 최초의 충격은 무엇이었던가. 개성 출신 상인의 맏아들이었던 그의 사고와 행동에, 이미 유년기부터 현대 문명의 여러 문물과 제도가 알게 모르게 영향을 미쳤을 것이라는 점은 짐작하기 그리 어렵지 않다. 그러나 그 가운데서도 이후 그의 인식이나 행동 면에 가장 커다란 영향을 미친 것이 있다고 한다면, 그것은 바로 전깃불이었을 가능성이 높다. 처음 그가 전깃불을 접하였던 것은 그의 나이 9세 때인 1922년의 일이었다. 이전까지는 주로 등잔불이나 램프 따위에 의지하여 생활하던 그의 고향 개성에 마침내 전기가 들어온 것이다. 당시의 일을 그는 다음과 같이 회상하고 있다.

전기 회사가 생긴 뒤에 전등이 켜진다는 소문이 퍼진지 얼마 후 전기 회사 사람들이 와서 동리 밖에 서 있는 전신주에서 줄을 끌어 오더니 우리 집 추녀 끝에 줄을 대고 안방마루 위에 전기 삿갓과 전구를 달고 갔다.
전기가 들어온다던 날 황혼이 짙어오자 아버님을 제외한 우리 집안 식구 모두는 안방 마루에 모여 앉아 전등을 쳐다보며 조마조마한 시간을 보내느라 저녁밥도 제대로 먹지 못하였다.
지붕 너머에 땅거미가 깔려 어둑어둑할 무렵 전기불이 들어왔다. 십촉짜리 전등불은 신화같이 밝아 불빛이 안마당에서 헛간까지 비쳐 우리들은 숨도 제대로 못 쉬고 놀랐다.[51]

김광균이 현대 도시 문명에 대한 이해를 넓혀나가는 데 있어, 이 전깃불만큼 그를 매료시킨 것은 없었다. 사실상 그의 현대 문명을 향한 동경은 이러한 전깃불에 대한 유년기의 선명한 체험으로부터 출발하였다고 보아도 좋을 것이다. 다시 말해서 그에게 있어 전기란 전 현대적인 것(자연)과 현대적인 것(문명)을 뚜렷하게 구분 짓게 해주는 한 척도였던 것이다. 전등의 발명이 등불에 대한 개념에 중요한 변화[52]를 몰고 왔다는 그의 비유 역시 그러한 그의 태도를 좀더 분명하게 알 수 있게 해주는 대목인 것이다.

그의 텍스트에서 유달리 등불과 관련된 시어들이 많이 등장하는 것도 같은 맥락에서 이해가 가능하다. 그의 텍스트에는 '어두운 램프'(〈벽화〉 '남촌')나 '작은 지등(紙燈)'(〈소년사모〉 '1'), '초라한 등불'(〈조화〉), '호롱불'(〈설야〉) 등과 같이 전통적인 생활 방식을 반영한 것들과 '전신주'(〈외인촌〉), '가등(街燈)'(〈밤비〉), '차단—한 등불'(〈와사등〉), '가등(街燈)'(〈광장〉) 등 서구적이며 현대적인 도시 공간을 연상케 하는 것들이 공존하고 있다. 전자의 예에서 주로 과거의 추억과 연관된 퇴영적인 인식이 강조되고 있다고 한다면, 후자에서는 도시라는 공간 속에서 느끼게 되는 단독자의 고뇌와 우수, 우울 등이 표출되어 있다.

2) 기 차

전깃불과 더불어 그에게 문명과 자연의 차이를 확연하게 각인시켜 준 또 다른 요소는 기차이다. 자본주의와 상업의 발달은 도시의 발달을 가져왔으며, 이렇게 급격하게 발달한 도시와 도시 사이를 중개하고 연결시키기 위해서는, 당시로서는 기차만큼 편리하고 획기적인 대규모 대중 교통 수단은 없었다. 그런 점에서 일반 대중들에게 쭉 뻗은 철로 위를 힘차게 달리는 증기 기관차의 등장은 곧바로 현대화의 상징인 것처럼 받아들여졌다. 그리고 이 점은 물론 문인들을 포함한 지식 계층에게도 예외가 아니었다. 기차라는 현대 기호는 일찍이 육당 최남선의 창가 〈경부 철도 노래〉로부터 시작하여, 이광수, 염상섭 문학의 기본 골격을 형성하는 주요 매개항으로 자리잡음으로써* 그 기호적 위력을 한껏 과시한 바 있다. 이런 사실로 미루어 김광균이 기차에 관심을 가졌던 것은 극히 자연스런 현상이다.

기차를 타고 차창 밖에 지나가는 풍경을 아무런 정신적인 부담 없이 바라보며 즐기듯 여행하는 것은 현대적 삶의 가장 두드러진 변화 가운데 하나라고 할 수 있다. 이전까지 여행이란 가고자 하는 목적지 이외에도 중간 경로와 경유지에 대한 상당량의 지식과 정보, 그리고 중간 과정의 육체적 노역을 필요로 하였으며, 이로 말미암은 정신적 육체적 부담은 대개의 경우 여행자로 하여금 여행 이외의 일에는 정신을 분산시키지

---

* "근대화를 가능케 한 원동력이 증기 기관이라는 사실은 새삼 문제삼을 일이 못 된다. 그 증기 기관이 세계의 풍경을 일변케 했음은 물론 인간의 의식을 바꾸어 놓기에 이른 것이다. 그 첫 물결이 기차(기선)였다. 잘 살펴 보면 우리 근대 문학의 앞머리에 놓여 있는 육당의 〈해에게서 소년에게〉 (1908)도, 깊이 살펴보면 증기 기관의 표상을 머금고 있다. 이광수 소설을 끌어가는 기본 골격의 하나가 기차의 힘으로 되어 있음은 새삼 말할 것도 없고, 염상섭의 〈표본실의 청개구리〉·〈만세전〉의 기본 골격이 여로형 구조임은 다시 말할 필요가 없다." (김윤식, 『한국 근대 소설사 연구』, 을유문화사, 1986, 212-213쪽)

못하게 하기에 충분한 것이었다. 특히 일반인들에게 있어 여행 과정의 이러한 제약은 중간 경유지에서 마주치는 풍경 등에 특별한 관심을 가진다거나, 그 과정에서 경험하게 되는 자신의 내면적 심리 상태에 관심을 가질 만큼 한가할 수 없게끔 만들었던 것이다. 그러나 기차 여행이 활성화된 이후로, 승객들은 승차 지점과 도착 지점에만 신경 쓰면 될 뿐, 중간 과정에서 특별히 육체적인 노역이 필요하지 않게 되었으며, 마찬가지로 중간 경로나 기착지의 상황에 대해서도 별다른 주의를 기울이지 않아도 되게 되었다. 그리고 이와 같은 정신상, 육체상의 여유로움은 곧장 그 과정에서 마주치게 되는 풍경들에 대한 관심과 자유로운 내면적 연상 작용을 통한 상상 공간의 확대로 연결되었다.*

때문에 김광균의 텍스트에서 기차가 자주 등장한다는 사실은 상당한 주의를 요한다. 그에게서 기차 여행이란 도·농간의 문화적 격차, 즉 현대적인 도시와 아직 전 현대적인 상태에 머물러 있는 농촌 사이의 공간적인 차이를 섬세하게 확인시켜 주는 좋은 매개체였던 것이다.

〈1〉
그 사이를 차는 '포인트'를 몇 개나 넘어 왔는지.
언제부터 이 황량한 해변에 내버려져 있는 동리인지 칠, 팔십을

---

* 독일 출신의 문예학자 발터 벤야민(Walter Benjamin)은 이러한 현대적 여행의 특수성과 자유로운 내적 연상의 중요성에 주목하여 그 자신의 이론을 체계화시킨 바 있다.

헤일 초가지붕이 보이고 동리의 한 가운데 솟아 있는 흰 페인트로 칠해진 낡은 교당 뒷뜰에는 삐삐 마른 종루의 십자가가 우뚝 하늘을 찌르고 있다. 동리 앞에는 이 광막한 물결뿐인데 무엇으로 생계를 이어가는 사람들인지.

잠든 어린애들의 베갯머리엔 밤마다 어두운 파도의 자장가가 들리고…….

등불이 없는 동리 길 위엔 밤이 깊으면 삽살개가 공허한 바다를 향하여 목이 터지도록 짖지나 않을까!

동리의 나지막한 초가지붕을 들여다보는 내 머리엔 목가적인 정경이 하나 둘 스쳐갔다. 철로에서 제일 가까운 앞마당 고목에 매어진 암소 한 마리가 갑자기 "엠메" 소리를 지르고 '울 뒷담'에는 빨—간 색동저고리 하나가 널려 있었다.

북청을 떠난 지 두시간.

기차는 긴 기적을 울리고 이 소박한 해안을 달음질치고 있다.53)

⟨2⟩

흥남의 질소 공장을 지난 것은 밤 열한 시가 넘어서였다. 그 거대한 건물의 창이란 창에선 불빛이 새어나오고 요란한 기계의 소음이 밤하늘에 굵은 박자를 울리고 있었다. '고리키'의 ⟨밤의 공장가⟩에 졸고 있던 등불을 연상시키는 하얀 아크 등이 막 재채기를 하고 난 듯이 허리를 굽히고 여기저기의 광장에 서 있다. 얼근히 취한 노동자가 콧노래를 질—질 이끌고 그 밑을 지나가지나 않는지.

성벽같이 어두운 외벽 위에 서 있는 철탑 꼭대기엔, 늦게 뜬 초생달 하나가 힘 없이 걸려 있었다.54)

위에 제시된 두 편의 인용문은 농촌과 도시, 자연과 문명, 전 현대적인 것과 현대적인 것 사이의 차이를 뚜렷하게 드러내

준다. 이러한 차이를 그는 기차 여행을 통해 한꺼번에 체험하게 되거니와, 거의 동시적으로 경험하게 되는 이러한 대비는 양자 사이의 심리적 구분을 내적으로 더욱 확실하게 부각시키는 기능을 한다.

그러나 많은 경우 소재를 다루는 방식에 있어, 그의 텍스트에 나타난 기차는 수사적 풍경 이상의 의미를 넘어서지 못하고 있는 것 또한 사실이다. 그리고 이러한 사실은 그 자신의 낭만적 기질, 즉 상실감에서 빚어진 막연한 그리움의 정조와 어느 정도 상관 관계가 있는 것으로 보인다. 이러한 인식과 관련하여, 김창원이 김광균 시에서 기차라는 소재가 떠나고 사라지고 죽고 하는 시인의 의식 세계를 대변하는 것으로, 다시 말해서 그 특유의 소멸의 미학을 구성하고 있는 한 요소로 판단한 것은 상당히 근거 있는 지적이다.[55]

3) 영 화

당대의 여타 문인들과 마찬가지로, 김광균 역시 영화에 대해 깊은 관심을 가졌다. 그의 영화 예술에 대한 관심은 사실상 회화에 대한 관심의 연장선에 위치한 것으로 생각되는데, 회화에서 창작의 모티브를 얻었듯이 마찬가지로 영화를 통해서도 시의 모티브를 얻었던 것은 특기할 만한 일이다.

당시 영화가 활동 사진이라는 명칭으로 일반인들에게 널리 인기를 끌었다는 사실을 감안한다면, 그의 영화에 대한 이러한 관심은 유별난 것이라고 볼 수는 없다. 다만 여기서 주목되어야 할 사실은 영화에 대한 그의 관심은 회화, 사진, 영화 등으로 이어지는 공간 예술 전반에 대한 관심으로 확대 해석될 수 있다는 점이다. 실제 그의 시에 도입된 영화적 요소들을 검토해 보면 그와 같은 특성은 좀더 뚜렷이 나타난다. 즉 그는 영화의 서사적 시간적 요소들을 배제한 채, 영화가 가진 특유의 이미지나 분위기, 회화적이며 공간적인 특성을 위주로 하여 이를 시작 과정에서 반영한 것이다.

> 차단—한 램프가 하나 호텔 우에 걸려 있다.
> 뒷거리 조그만 씨네마엔 낡은 필림이 돌아가고
> 스크린 우엔 어두운 가을비가 내려퍼부었다.
>
> —〈환등(幻燈)〉 일부—

> 물결 치는 지붕지붕의 한끝에 들리던
> 먼— 소음의 조수 잠들은 뒤
> 물기 낀 기적만 이따금 들려 오고
> 그 우에
> 낡은 필림 같은 눈이 내린다.
>
> —〈장곡천정에 오는 눈〉 일부—

위 두 편의 텍스트에 제시된 '낡은 필림'이라는 기호에서 영화의 빠른 장면 전환이나 서사적 흐름이 던지는 역동적인 효과를 떠올리기는 힘들다. 그가 위에서 '스크린 우엔 어두운 가을비가 내려퍼부었다'라거나 '낡은 필림 같은 눈이 내린다'라고 표현한 것은 단순히 수사적 풍경 속에 깃든 주체 내면의 우울하고 가라앉은 심리, 혹은 과거 회상으로 인한 그리움의 정서

3. 시세계의 특색

를 효과적으로 표출해 내기 위한 수단일 뿐이다. 그것은 어쩌면 도시의 뒷골목에서 그가 마주하게 되는 단독자의 고뇌, 우울을 효과적으로 표출해 내기 위한 배경적 성격을 지니는 것인지도 모른다.

그가 '나타―샤'나 '캬스파'(〈눈 오는 밤의 시〉)와 같은, 영화에 나오는 주인공의 이름이나 영화 속의 배경이 되는 지명을 시 속에 끌어들인 것에 대해서도 비슷한 해석이 가능하다. 특히 그의 정식 문단 데뷔작이자 대표작 가운데 하나인 〈설야〉는 그가 약초 극장(지금의 스카라 극장)에서 영화를 본 후 스크린에 나오는 눈이 유난히 아름다워 그 때 떠오른 생각을 석 달 동안이나 퇴고를 거듭한 끝에 완성한 것임을 스스로 밝히고 있다.56) 더불어 다음과 같은 진술 속에서 우리는 그의 영화에 대한 관심과, 그것의 시작(詩作)에의 적용 과정을 엿보게 된다.

> 영화 〈白き處女地(하얀 처녀지―인용자 주)〉에서 본 '카나다'의 수도 도시에 서 있던 가톨릭 교회의 첨탑은 훌륭한 시였다.
> 언제 서 있었는지 동본정(東本町) 초가지붕 위에도 소박한 의상을 한 교당이 하나 우뚝 서 있다.
> 겨울 가까운 흐린 가을 하늘을 날카롭게 찌르고 서 있는 빼빼마른 종루에서 황혼이면 늦은 종소리가 분수같이 퍼진다.
> 뒷수풀엔 노을이 흘러가고 안개에 잠긴 가로 위에 눈에 보이지 않는 어둠이 퍼져갈 때 언덕에 올라 우두커니 앉아 있으면 내 초라한 옷은 담뿍 종소리에 젖고 만다.57)

위 인용문은 그의 대표작 〈외인촌〉의 마지막 부분, '퇴색한 성교당의 지붕 위에선 / 분수처럼 흩어지는 푸른 종소리'에 나타난 배경 및 수사적 표현과 거의 그대로 일치한다. 어쨌든 영화가 현대 자본주의의 대표적인 산물이며 서구적 감각과 문물의 세계화에 지대한 역할을 한 것이라는 점을 인정한다면, 이러한 영화 예술에 대한 폭넓은 관심은 그의 현실에 대한 한 태도와도 무관하지 않다고 보아야 옳을 것이다.

이 외에도 그가 시의 발상을 떠올리는 과정에서 영화에서 모티브를 취한 경우는 적지 않은 것으로 보인다. 특히 시의 구성이나 기법 면에서 그러한 예를 볼 수 있는데, 앞으로 이 부분에 대한 적절한 해명과 검토가 요구된다.*

4) 다 방

한국에서의 모더니즘 문학 운동은 비록 카프 중심의 리얼리즘 문학에서와 같이 집단적인 성격을 지니지는 못하였으나, 상호 동류 의식을 지니고 있었던 작가 개개인간의 교류는 대단히 활발한 편이었다. 뿐만 아니라 회화, 영화 등 인접 예술 장르와의 교류 또한 활성화하는 계기를 마련하였는데, 그러한 교류의 중심에는 다방이라는 이전까지 경험해 보지 못한 색다른 문화적 공간의 등장이 가로놓여 있었다.

시인 이상이 실제로 찻집 '제비'와 '69'을 직접 운영하던 예도 있었거니와, 이 시절 다방은 이 땅에서 활동하던 모더니스트들

---

* 문혜원, 「1930년대의 모더니즘 문학에 나타난 영화적 요소에 대하여」, 『국어국문학』 115, 국어국문학회, 1995에서 김광균의 텍스트에 나타난 그러한 요소들이 부분적으로 언급된 바 있다.

의 온상이었다. 별 뚜렷한 목적이 있어서가 아니라, 거의 습관적으로 매일 그들은 다방에 나가 서로의 우의를 다지고 예술과 인생에 관한 이야기들을 자유롭게 주고받았으며, 그러한 가운데서 예술적 영감과 표현을 얻었던 것이다. 이러한 다방의 분위기는 따라서 그들의 창작 활동에도 적지 않은 영향을 미쳤다. 당시의 많은 시인, 소설가들이 다방을 무대로 한 텍스트들을 내놓았을 뿐만 아니라, 회화와 영화 등 타 장르의 특성과 기법을 그들의 창작에 적용시키는 문제에 대해 심각하게 고민하기도 했던 것이다.

이런 현상은 물론 김광균도 예외가 아니었다. 그가 김기림과 오장환과 처음 대면하였던 곳도 다방이었으며, 화가 친구들을 소개받고 그들과 더불어 밤새 술 마시고 어울려 지내던 곳 역시 다방을 중심으로 한 종로와 명동, 소공동 일대의 공간이었다. 당시의 사정을 그는 "그 무렵에 나는 회사에서 퇴근 시간 10분 전이면 빠져나와 명동으로 달음질쳤다. 거기엔 이봉구, 오장환, 이육사, 김관, 화가 친구들이 쭈그리고 앉아 있고……"58)라고 회고하고 있다. 이러한 사실들로 미루어 그의 시 가운데 다방과 관련된 텍스트들이 등장하는 것은 조금도 어색한 일이 아니다.

> 찻집 미모사의 지붕 우에
> 호텔의 풍속계 우에
> 기울어진 포스트 우에
> 눈이 내린다.
>
> ─〈장곡천정에 오는 눈〉 일부─

위 텍스트에서 김광균은 평소 그가 자주 찾던 다방 가운데 하나인 '미모사'를 소재로 채택하고 있다. 이러한 소재 채택과 묘사는 위 텍스트의 경우 단지 수사적 배경 정도로만 처리되어 있어서 아쉬움을 준다. 그러나 그 역할이나 기능에 대해 주목해 본다면, 실제 당시 우리 문화 예술계에서 다방이 차지하는 비중은 결코 만만찮은 것으로 알려져 있다. 게다가 다방이 문화의 중심으로 떠오른 것은 기성 문인들에게만 국한되지 않는다. 문학이나 예술 방면에 관심이 있는 많은 젊은 층들이 다방을 중심으로 모여들게 되었으며, 그 결과 김광균의 지적처럼 '1930년 이후 약 십 년 간 문학 청년을 길러낸 곳은 옛날 명치정(明治町) 부근의 다방'[59)]이라는 말이 공공연하게 거론될 정도였다. 결론적으로, 이 시절의 다방은 당대 모더니스트들을 위시한 지식 계층의 폭넓은 사랑을 받는 서울의 대표적인 문화 공간으로 확고히 자리 잡고 있었던 것이다.

3 현실 인식의 태도

오늘 우리가 가장 큰 관심을 가지고 대할 문제 중의 하나로 '시가 현실에 대한 비평 정신을 기를 것'이 있다. 이것이 현대가 시에게 요구하는 가장 긴급한 총의이겠다. 현대의 정신과 생활 속에서 시는 새로 세탁받고 그것을 몸소 대변하는 중요한 발성관이어야 할 것이다.[60)]

위 인용문에서 김광균은 현대시의 가장 중요한 문제 중 하나로 '시가 현실에 대한 비평 정신을 기를 것'을 주장한다. 보편적인 각도에서 보자면 이는 올바른 지적이며 따라서 마땅히 강조되어야 할 사항임에 분명하지만, 과연 김광균 자신에게도 그대로 예외 없이 적용될 수 있는 말인지는 생각해 볼 일이다.

　김광균의 텍스트가 도시어와 문명어의 잦은 활용과 함께, 문명이 던지는 인상을 참신한 감각으로 포착하려 하였다는 점에서 전대 시인들이 갖추지 못한 현대에 대한 그 나름의 태도를 드러내고 있음은 분명하다. 그러나 좀더 면밀히 검토해 보면, 텍스트 내에서 그와 같은 태도가 그리 선명하게 부각되어 있는 것은 아니다. 다시 말해서 김기림 등에게서 볼 수 있는 적극적이고 의식적인 면과 비교해 볼 때, 김광균 시에 나타난 현실 인식의 태도란 상대적으로 모호하며 미약하게 느껴진다. 특히 문명 비평이라는 점만을 문제삼는다면, 인식의 강도나 철저함에 있어 그의 시는 김기림의 것에 멀리 미치지 못하는 것으로 생각된다.

　다만 한 가지, 분명한 것은 김광균의 경우에 있어 현대 문명이란 그 자체가 주제와 직접 관련을 맺고 있다고는 볼 수 없으며, 단지 소재나 제재적인 차원에서 주제 형성에 간접적으로 기여하는 정도라는 점이다. 요컨대 그의 시에서 현대와 연관된 문제 의식들을 주제론적인 각도에서 깊이 있게 접근하고 있다거나, 혹은 문명의 각 부면을 반영하는 여러 소재들이 전면적으로 부각, 나열되어 있는 예는 드물고, 대부분의 경우는 자연과 인공이 함께 어우러져서 일정한 수사적 기법에 의해 상호 밀접하게 연결되어 있다. 따라서 이런 점을 염두에 둘 때, 우리가 현대 문명을 대하는 김광균의 태도를 문제삼고자 할 경우에도 주제 한 가지 측면에서보다는, 기법과 연계된 수사적 특성과의 관련 여부를 비교·검토해 가며 접근해 가는 방식이 보다 바람직하다. 이는 텍스트에 나타난 그의 문명과 관련된 태도가 직접적이고 명시적이라기보다는 다분히 우회적이고 간접화된 표출 방식을 취하고 있다는 사실과도 무관하지 않다.

명등(明燈)한 돌다리를 넘어
가로수에는 유리빛 황혼이 서려 있고
철도에 흩어진 저녁 등불이
창백한 꽃다발같이 곱기도 하다

— 〈가로수〉 '2' 일부 —

향료를 뿌린듯 곱―다란 노을 우에
전신주 하나 하나 기울어지고

먼― 고가선 우에 밤이 켜진다.

— 〈뎃상〉 일부 —

눈은 정다운 옛이야기
남몰래 호젓한 소리를 내고
좁은 길에 흩어져
아스피린 분말이 되어 곱―게 빛나고

— 〈눈 오는 밤의 시〉 일부 —

위 인용시들은 시집 『와사등』(1977)에서 자연과 문명이 무리 없이 수사적으로 연결된 예들을 추출해 본 것이다. 여기에서 보

3. 시세계의 특색

듯, 저녁 등불은 꽃다발과(〈가로수〉 '2'), 향료는 노을과(〈뎃상〉), 눈은 아스피린 분말과(〈눈 오는 밤의 시〉) 각기 수사적으로 연결되어, 시적 자아의 감성적 현실 인식을 구체화시켜 드러내 주고 있다. 이러한 예들에서 우리가 현대 문명 자체에 대한 부정적이거나 비판적인 시각을 찾아내기란 어렵다. 오히려 자연과 문명이 일정한 질서 아래 조화를 이루며 화합하는 양상을 보인다.

이는 문명의 발전이 곧 인간 생활의 풍요로움을 가져올 것이고, 이를 바탕으로 자연과 인공의 조화라는 목표가 무리 없이 달성될 수 있으리라는 모더니즘의 초기적 인식을 반영하고 있다고 해도 좋을 것이다. 이 때 동원된 자연이나 문명은 눈앞에 전개된 외적 현실에 대한 시적 주체의 심리적 긴밀함이나 유대감을 반영한 것으로 생각될 수 있다. 이러한 긴밀함이나 유대감의 확보로 인해 이들 소재에 대한 자연스런 감정 이입이 가능하였으며, 그 결과 표면적으로 상반되어 보이는 이들 요소들을 수사적으로 연결시키는 작업이 얼마간 가능했던 것으로 풀이된다. 설령 그것이 시인 자신의 낭만적 감상성이나 쓸쓸함, 비애감 같은 것을 드러내는 데 어느 정도 기여했다 할지라도, 그러한 감정 표현이 현대 문명에 대한 부정적인 인식에서 비롯된 것은 아니다. 다시 말해서 이런 예들을 적극적인 문명 예찬이라고 하기에는 다소 부족할지 모르지만, 현대 문명에 대한 김광균 자신의 친근감과 긍정적인 시선을 반영한 것으로 해석해도 별 무리가 없을 듯하다.

이렇게만 본다면 김광균의 시는 현대 문명에 대한 깊이 있는 이해도, 그 부정적인 측면에 대한 인식도 배제한 채 단순히 주관성에만 머무른 것처럼 보일 수도 있다. 그러나 미약하게 느껴지기는 하지만, 그의 시에서도 문명 비판적인 인식이 스며 있는 경우를 찾을 수 있다.

> 낙엽은 폴—란드 망명정부의 지폐
> 포화에 이즈러진
> 도룬시의 가을 하늘을 생각케 한다.
>
> —〈추일서정(秋日抒情)〉 일부 —

　여기서 김광균은 낙엽을 제2차 세계대전의 개막과 더불어 순식간에 나치 독일에 짓밟혀 나라를 잃고 방황하는 폴란드 망명 정부의 지폐에 비유하고 있다. 그리고 한 걸음 더 나아가 그 속에서 독일군의 집중 포화를 받고 도시 전체가 파괴된 도룬(트룬) 시의 처참한 참상을 떠올린다. 이러한 비유는 자연스레 일제 치하에서 신음해 온 당시 우리 조국의 어두운 실상을 떠올리게 한다. 비록 이러한 인식이 직접적인 비판의 태도를 취하고 있는 것은 아니지만, 그의 현실 인식의 한 면모를 엿볼 수 있게 해주는 대목인 것만은 분명하다.
　그러나 그의 현대 문명에 대한 태도가 보다 비판적이고 부정적으로 표출된 예는 도시 문명을 소재로 한 시들에서 찾을 수 있을 것이다.

> 차단—한 등불이 하나 비인 하늘에 걸려 있다
> 내 호올로 어딜 가라는 슬픈 신호냐.

긴— 여름해 황망히 나래를 접고
늘어선 고층 창백한 묘석같이 황혼에 젖어
찬란한 야경 무성한 잡초인양 헝클어진채
사념 벙어리되어 입을 다물다.
　　　　　　　　　　　　　　—〈와사등〉 일부—

슬픈 도시엔 일몰이 오고
시계점 지붕 위에 청동 비둘기
바람이 부는 날은 구구 울었다.

늘어선 고층 위에 서걱이는 갈대밭
열없는 표목(標木)되어 조으는 가등(街燈)
소리도 없이 모색(暮色)에 젖어
　　　　　　　　　　　　　—〈광장〉 일부—

모자가 없는 포스트.
모자가 없는 포스트가 바람에 불리운다.

그림자 없는 가로수.
뉴우스 속보대의 목쉰 스피이커.

호로도 없는 전차가 그 밑을 지나간다.
조그만 나의 바리에테여

영국풍인 공원의 시계탑 우에
한 떼의 비둘기 때묻은 날개.
　　　　　　　　　　　　　—〈도심지대〉 일부—

위의 인용 구절들에서 우리는 시인 김광균의 도시 문명에 대한 비판적인 인식을 엿볼 수 있다. 그러한 태도는 고층 빌딩에서 묘석의 이미지를, 밤의 야경에서 무성한 잡초의 이미지를 도출해 내는가 하면(〈와사등〉), 바람부는 날이면 구구 우는 청동 비둘기와 고층 빌딩 위의 서걱이는 갈대밭, 열없는 표목과 같이 조는 가로등과 같은 그로테스크한 이미지를 창조해 내기도 하고(〈광장〉), 모자가 없는 포스트나 그림자 없는 가로수, 목쉰 스피커, 호로도 없는 전차, 때묻은 날개의 비둘기에서 보듯 부정적인 이미지들로 가득 찬 도시의 풍경을 제시하는 방식을 취하기도 한다(〈도심지대〉). 이 모든 예들에서 자연과 인공은 앞의 경우와는 달리 조화와 균형 관계를 유지하지 못한 채 어둡고 우울한, 동시에 비정상적인 관계로 설정되어 있는 것이 특징적이다.

그렇다면 현대 문명을 둘러싼 그의 이와 같은 모순된 태도와 인식은 무엇을 의미하는가. 그 원인을 우리는 다음과 같이 몇 가지 각도에서 추출해 볼 수 있을 것이다.

우선 첫째로, 이미 지적된 바 있는 바와 같이 그의 본령은 모더니스트라기보다는 낭만적 감상주의자라는 점을 유의할 필요가 있다. 이는 결국 시작(詩作)의 초기 단계에서, 그가 도입한 현대 문명과 연관된 수사적 이미지들이란 의식적인 활동에서 비롯된 결과가 아니라는 것을 의미한다. 이런 현상들은 단지 주체 내면의 감상성을 효과적으로 표출하고 전달하기 위한 수단일 뿐, 그 자체가 처음부터 목적은 아니었다. 다시 말하면 애초 김광균은 비자각적인 상태에서 이러한 이미지들을 그의 시작에 활용하였으며, 그가 현대 문명에 대한 일정 정도의 체계적인 인식을 얻기까지에는 그 후로도 상당 기간의 시간이 소요되었다. 의당 문명을 바라보는 그의 시각 또한 들쭉날쭉 체계를 갖추지 못할 수밖에 없었다.

둘째, 그 후 그는 김기림이라는 당대의 탁월한 모더니즘 이론가의 도움으로 현대 문명에 관한 어느 정도의 안목을 획득하게는 되었지만, 그러한 도움이 관념적인 수준에 머물렀을 뿐, 실제 생활 속에서 그 필요성이나 절실성이 그에게는 심각하게 다가오지 않았다는 점. 서정시에 있어서 문명 비평의 문제를 다룬 대부분의 그의 글이 상식선의 어설픈 구호 수준에 머물렀다거나, 아니면 막연한 분위기와 수사적 이미지 정도로만 작시상에 반영되게 된 까닭이 바로 여기에 있다.

셋째, 한적한 지방 소도시 개성 출신인 그의 입장에서 볼 때, 번잡스럽다 할 정도의 경성의 모습은 사뭇 생소하고 이질적인 동시에 휘황찬란하게 느껴질 수밖에 없었다는 점. 모던한 시를 쓰기 위해서는 김기림 등에게서 전해들은 문명 비판적인 인식을 어떻든지 자신의 텍스트 내에 도입해야 한다는 강박 관념에도 불구하고, 그는 사실상 이러한 경성의 현실을 쫓아가기에도 바빴던 것이다. 이를 비판적 각도에서 치밀하게 분석하고, 다시 정서적으로 육화하여 자신의 시에서 일관되게 표현해 낸다는 것은 그에게는 상당 기간 동안 무리였을지 모른다.

대략 이런 몇 가지 이유들로 인하여 김광균의 시문에 나타난 현대 도시 문명에 대한 인식은 모호하며 불투명한 양상을 벗어나지 못하고 있는 것으로 보인다. 그 결과 그의 텍스트에는 소위 말하는 문명 예찬적인 면과 문명 비판적인 면이 일정한 체계나 기준 없이 공존하고 있는 듯한 인상을 준다. 주제론적인 각도에서, 이는 결국 그의 모더니즘적인 시도가 철저한 내적 자각에 기초한 것이 아님을 확인케 해주는 대목으로 풀이될 수 있을 것이다.

4 형태의 사상성

지금까지 우리는 김광균의 시와 수필 형태의 산문들을 중심으로 그의 글에 나타난 현대 감각의 기호들과 현실 인식의 태도를 개략적으로 살펴보았다. 이러한 시도를 통해 현대 문명을 대하는 시인 김광균의 태도 중 일부가 어느 정도 정리된 듯하다. 그러나 아직까지 우리는 그의 시론을 살펴보지 않았다. 물론 시론에 서술된 내용이 시작 과정에서 충분히 반영되지 않았을 가능성도 배제할 수는 없지만, 설사 그렇다 하더라도, 적어도 당시 김광균의 내면적 지향성을 살펴보는 데에는 그가 남긴 시론에 대한 검토란 건너뛸 수 없는 중요성을 지닌다.

타고난 낭만적 성향에도 불구하고, 김광균은 시가 시대 현실을 능동적으로 반영하여야 한다는 생각을 한 번도 소홀히 한 적이 없다. 그는 처음부터 전대의 시들과는 다른 자신만의 새로운 시형을 선보이는 것을 시작의 근본 목표로 삼았다. 이러한 그의 태도는 '시는 그 시대의 거울'[61)]이라는 관점에 입각한 것으로, 이는 결국 넓은 의미에서의 신세대론에 수렴될 수 있을 것이다.

다시 말한다면, 새로운 시를 쓰기 위해서는 19세기와는 근본적으로 다른 20세기의 정신으로 무장하여야 하며, 이와 동시에 새로운 세대의 정서와 감각을 적절히 표출해 내는 법이 연구되어야 하는데, 이 때 세대간의 정서적 차이란 단순히 연령의 많고 적음을 떠나서 한 시인이 시대 현실과 호흡을 같이할 수 있느냐 없느냐의 차이로 해석될 수 있다. 김광균은 이 경우, 시단에 있어 신세대의 등장이란 이러한 시대 현실의 논리를 앞세운 도시적 서정 정신과 참신한 언어 조형의 확보 여부에 달린 문제라고 보았다. 그리고 그것은 결국 시대 정신의 시적 표현과 일치할 것이다.

그러므로 시인이 그가 살고 있는 시대의 새로운 가치를 발견하고 그것을 조장하는 일이야말로 시대성의 문제를 시에 수용하는 데 필요한 가장 기초적인 작업이 될 것이다. 이러한 목표를 철저히 인식하고 능동적인 역할을 담당하는 것이 바로 시단의 신세대이다. 그러므로 이들이 시작을 통해 선보이는 매력이란 '현대의 분위기'와 '피'62)가 통하는 시를 창조하는 것과 일치한다.

후에 김광균은 평소 자신이 바라던 시의 본질을 다음과 같이 규정한 바 있다.

> 요즈음 시를 읽으면서 먼저 눈에 띄는 것이 정서의 고갈이다. 양으로 많으면 많을수록, 시를 쓴 사람의 지향이 옳으면 옳을수록 정서의 고갈이 심한 것이 느껴진다. 서사시이건 종교시이건 캄파(러; Kampaniia)시이건 간에 시의 본질이 사회 현실의 파악과 자기의 생활 체험에서 얻은 주제를 정서화하여 독자에게 전달한다는 대전제를 벗어날 수는 없다. 때로는 사상까지를 정서화하는 것이 시일 것이다.63) (강조 — 인용자)

즉, 그는 시대 정신을 시 속에 올바로 수용하기 위해서는 먼저 현실의 올바른 파악을 위한 체계적인 안목과 체험의 진정성이 요구되지만, 궁극적으로는 이를 정서적으로 표출하여 독자들에게 전달할 수 있는 능력이 충분히 뒷받침되지 않으면 안 된다고 생각했다. 시에 있어서 정서의 부족은 곧 표현의 부족으로 이어지며, 이는 결국 시인으로서 개성의 부족과 통한다고 보았던 것이다.64) 그가 정서를 얼마만큼 중요시하였느냐 하는 것은 위 인용문의 '사상까지를 정서화하'라는 대목에 잘 드러나 있다.

그렇다고 한다면, 이러한 정서화의 문제를 해결하기 위해서는 구체적으로 어떤 접근 방식이 필요한가. 이와 같은 질문은 1930년대 우리 시단의 각광받는 신세대로서 화려하게 등장했던 시인 김광균의 역할과 의의를 다른 각도에서 분석해 보는 것에 다름아니다. 시란 자연발생적인 것이라는 재래의 관념을 거부하고 등장한 이들 신세대 시인들이 김광균의 표현대로 현실을 정서화하기 위해서는 과연 어떤 태도를 취하지 않으면 안 되었던가.

여기서 김광균의 입장을 정리해 보면, 그는 크게 다음과 같은 두 가지 사항을 강조하고 있다는 것을 알게 된다.

첫째, 실생활과 밀착된 시를 쓰도록 노력할 것. 생경한 관념어나 추상적 느낌을 주는 소재의 도입을 제한하는 대신 일상적 소재를 활용할 것. 또한 같은 소재를 사용하더라도 현대적인 생활 체험을 반영하도록 노력할 것. 그는 같은 달이라 하더라도 조선 중엽의 시인이 초옥에 지등을 켜고 앉아 약주를 마시며 무릎을 치고 쳐다본 달과, 오늘의 시인이 도시의 순환도로 위를 택시로 달리면서 쳐다본 달이 본질적으로 다른 각도에서 향수된다는 점65)을 유의하여야 한다고 주장한다. 요컨대 실생활에 밀착된다는 것은 이와 같은 미묘한 정서적 차이를 어떠한 소재의 선택과 그것의 활용 면에서 그 실질적인 효과를 철저히 이해, 파악하고 이에 능동적으로 대응해 나갈 줄 알아야 한다는 것을 뜻한다.

  둘째, 종래의 시형을 습관적으로, 무비판적으로 답습하는 데서 그치지 말고 자유로이 여러 시형을 시험해 봄으로써 스스로 자기 시에 맞는 시형을 찾도록 할 것. 이를 앞서의 문제와 관련지어 생각해 보면 시인의 생활 내용이 과연 진실되냐도 문제가 되지만, 동시에 그러한 진실된 내용을 형상화할 수 있는 남다른 능력과 노력이 더욱 중요함을 의미한다. 그런 점에서 그는 시인이 자기 스타일을 가질 것을 주장한다. 자기 스타일을 지녔다는 것은 개성을 지녔다는 말과 통하며, 이는 곧 시인으로서 응당 갖추어야 할 창조력을 지녔다는 말과 일치하기 때문이다.66)

  이런 그의 주장을 다시 일반화된 관점에서 서술한다면, 시에 있어서의 대상(현실, 즉 내용)의 변화가 필연적으로 용기(형식)의 변화를 몰고 오리라는 인식을 담고 있는 것으로 볼 수 있다. 이 때 중요한 것은 여기서의 형식이란 다만 형식에만 그치는 것이 아니라는 점이다. 그것은 이미 그 속에 내용까지를 포괄한 개념으로 받아들여진다. 때문에 김광균에게 있어 시대 정신을 반영한 자기만의 새로운 시형을 찾는 것은 자연 정신의 혁명인 동시에 형태(형식까지를 포함한)의 혁명인 것이다.

    정신의 혁명은 제일 먼저 형태(형식을 포함하여)의 혁명으로 비롯되는데 시론을 쓰신 분들이 시의 시대성을 어떤 형태를 통하여 구체적으로 지적하려는 노력이 적었음은 유감이었다.

시에 있어서 형태를 제외한 대상(문학 내용)은 예술 전반에 공통된 것이므로 논외로 하고도 시가 다른 문예와 궤도를 달리 한 독특한 형태를 가진 이상 일종의 독특한 '형태의 사상성'을 가지고 있을 것이다. 이 '형태의 사상성'과 작품 내용과의 연쇄 관계를 잘 모색해 보면 거기서 의외로 좋은 수확이 있을 것 같다.67)

위와 같은 그의 주장은 시에 있어서 이데(이데올로기, 즉 시대정신)의 혁명이 곧 양식의 혁명을 의미한다는 김기림의 주장* 과 일면 상통하는 것으로 보인다. 이 경우 김광균이 주장하는 '형태'란 김기림이 말한 시의 '양식'에 대응되는 개념으로서, 이러한 사실은 결국 시에 있어 현대성의 구현 문제를 바라보는 양자간의 기본 시각이 근접해 있음을 확인시켜 주는 것일 수 있다.

그런데 이러한 자신의 논리를 김광균은 최종적으로 '형태의 사상성'이라는 논리로 정리하려 했던바, 그의 그 같은 주장은 시인이 현실에 대해 적극적인 태도를 유지할 것을 전제로 성립된 것이다. 이 때 관건이 되는 것은 정신의 혁명을 형태의 혁명으로 전환하는 데 필요한 새로운 '생산 공정'68)을 발견하는 일일 것이다. 말하자면 양자 사이를 연결시켜 주는 매개항으로서의 기법의 발견이 문제의 핵심이 될 것인데, 이 때 기법이란 그 속에 사상적인 요소를 이미 내포하고 있어야 한다는 점에서 무사

---

* "그러므로 시의 혁명은 양식의 혁명인 동시에 아니 그 이전에 '이데'의 혁명이라야 한다. 그렇다고 '이데'의 혁명에 그침으로써 시의 혁명이 완성되었다고 볼 수는 없다. 한 개의 '이데'가 필연적으로 발전 형성한 특수한 양식을 획득했을 때 비로소 시의 혁명은 완성되는 것이다." (김기림, 「시와 인식」, 『김기림 전집』 2, 심설당, 1988, 73쪽)

상의 기교와는 일단 구분·이해되어야 할 개념임을 알 수 있다.

여기까지 온다면 우리는 김광균이 과연 어떤 입장에서 시대 정신과 현실을 텍스트 내에 수용하려 하였는지를 어렴풋이나마 짐작하게 된다. 그는 주로 현대 도시 문명과 연계된 새로운 이미지들을 그의 텍스트 내에 도입, 또는 생산해 냄으로써 그와 같은 자신의 목적을 달성할 수 있다고 믿었던 것이다. 이때 이미지란 앞서 김기림이 말했던 '문명 속에서 형성되어 가는 새로운 감각, 정서, 사고' 일체를 표현해 낼 수 있는 그 나름의 기법인 셈이다.

그러나 이미지란 그 특성상 적어도 체계화된 작가의 사상과 문제 의식을 드러내기에는 부족한 감이 없지 않다. 그가 텍스트 속에 활용한 이미지들이 감각이나 정서를 표출해 내는 데에는 탁월한 성과를 입증하였음에도, 사상적인 측면에서 별 효과를 발휘하지 못한 것도 이 때문이다. 결론적으로 김광균이 말했던 형태의 사상성이라는 논리의 강점과 약점은 모두 그가 현대시에 있어서 이 감각적 이미지의 역할을 지나치게 과신했던 데서 파생되었다고 할 수 있다. 이미지의 회화성, 조형성에 기댐으로써, 그는 재래의 전통 시형으로는 쉽사리 구현하기 어려웠던 세련된 감각과 도회적 서정의 세계에 무리 없이 접근할 수 있었다. 그러나 동시에 그는 이미지에 지나치게 의존함으로써 스스로 현실 인식의 폭을 좁히는 결과를 초래하고 말았다. 현대 문명과 관련된 깊이 있고 체계적인 인식이나 문제 의식이 그의 텍스트 속에서 엿보이지 않는 것은 그의 이런 태도의 결과로 이해하여야 할 것이다.

4

대표시 작품 분석

(1) 〈와사등〉

차단—한 등불이 하나 비인 하늘에 걸려 있다
내 호올로 어딜 가라는 슬픈 신호(信號)냐.

긴— 여름해 황망히 나래를 접고
늘어선 고층(高層) 창백한 묘석(墓石)같이 황혼에 젖어
찬란한 야경(夜景) 무성한 잡초(雜草)인양 헝클어진채
사념(思念) 벙어리되어 입을 다물다.

피부(皮膚)의 바깥에 스미는 어둠
낯설은 거리의 아우성 소리
까닭도 없이 눈물겹고나

공허(空虛)한 군중(群衆)의 행렬에 섞이어
내 어디서 그리 무거운 비애(悲哀)를 지니고 왔기에
길—게 늘인 그림자 이다지 어두워

내 어디로 어떻게 가라는 슬픈 신호(信號)기
　　　차단—한 등불이 하나 비인 하늘에 걸리어 있다.

　〈와사등〉은 1938년 6월 3일자 ≪조선일보≫ 지상을 통해 처음 발표되었으며, 그 후 그의 첫 시집 『와사등』(남만서방, 1939)과 시전집 『와사등』(근역서재, 1977)에 차례로 수록되었다. 이처럼 동일한 제명의 시집들을 거푸 발간할 정도로 김광균 자신이 일찍부터 대단한 애착을 보였던 텍스트이다. 따라서 그 문학적인 성공 여부를 떠나서, 이 텍스트는 그 자체만으로 김광균의 시 세계 특징을 대표하고 있는 것으로 이해해도 좋을 것이다.

　당시 경성의 길거리에 와사(가스)등이 설치되어 있지 않았다는 점을 고려할 때, 이 텍스트에서 말하는 와사등이란 결국 전등을 뜻하는 것으로 받아들여져야 할 것이다. 당시 경성의 밤거리를 대낮같이 환하게 밝힌 가로등은 사람들의 자유롭고 안전한 통행을 보장해 줌과 함께, 쏟아져 나온 인파들이 뿜어내는 활기와 역동성을 거리에 불어넣어 줌으로써 그 속에서 살아가는 도시인들의 생활 질서에 일대 변화를 몰고 왔다. 그러한 변화는 물론 긍정적인 면과 부정적인 면을 동시에 지닌 것이다. 위의 텍스트에서 문명 비판적인 내용이 드러나 있는 것은 그러한 양면성을 시인 나름대로 충분히 의식한 결과로 보인다.

1) 형태적 분석

이 시는 제 1 연(첫 연)과 제 5 연(마지막 연)이 수미쌍관의 형태로 텍스트의 양끝에 배치되어 중간 부분인 제 2, 3, 4 연을 감싸고 있는 구조를 보이고 있다. 제 1 연과 제 5 연에서 이 시 전체의 모티브와 주제가 압축적으로 제시되어 있고, 중간 부분에서는 그것을 좀더 구체적으로 다양한 양태로 표현하고 있다.

그런데 면밀히 살펴보면, 각 연은 철저하게 외면적 풍경의 제시와 그것과 연관된 화자 자신의 주관적인 정서의 표출 부분이 교묘하게 교차되어 엇갈리는 배치 형태를 취하고 있음을 알게 된다.

먼저, 제 1 연과 제 5 연에서 보이는 '등불이 비인 하늘에 걸려 있다'는 사실은 외면적 풍경의 제시인 반면, 그러한 외면적 풍경에 촉발되어 도출된 화자의 주관적 감정은 그것을 마치 '어디로 가라는 슬픈 신호'인 양 받아들이고 있다는 점이다. 특징적인 것은 여기서 외면적 풍경에 해당되는 부분이 주관적 정서의 제시에 해당하는 부분을 겉에서 안으로 감싸안는 형태로 제시되어 있다는 사실이다.

제 1 연	외면 풍경(등불, 허공) + 내면 정서(슬픔, 공허함)
제 5 연	내면 정서(슬픔, 공허함) + 외면 풍경(등불, 허공)

이러한 사실은 이 부분이 김광균의 시의 약점으로 곧잘 지적되고 있는 짙은 감상성의 노출을 어느 정도 완화하고 통제하는 기능을 담당하고 있음을 의미한다고 볼 수 있을 것이다. 즉, 텍스트의 처음 시작 부분과 마무리 부분에 외면적 풍경의 제시를 배치·강조함으로써 감정의 무분별한 분출을 감싸안으며 이를 적절히 제어하는 한편, 독자들로 하여금 이 시의 오브제인 등불(와사등)의 텍스트 내적 의미에 대해 충분히 음미해 볼 기회를 제공한다는 취지를 지니고 있는 것으로 보인다.
　더불어 중간 부분인 제 2, 3, 4연의 구조 역시 주관적인 정서가 다소 강화되어 있기는 하지만, 근본적으로는 이와 유사한 발상 형식에 의해 짜여져 있다는 점을 확인할 수 있다.
　제 2연의 경우 제 1, 2, 3 각 행은 초저녁 무렵 도시의 외면적 풍경(여름 해, 늘어선 고층 빌딩, 찬란한 야경)을 나열하는 한편, 이로부터 촉발된 화자 내면의 정서와 연결지어 수사적 기법을 동원하여 제시해 놓고 있는데, 이러한 병렬식 연결은 결정적으로 제 4행의 '사념 벙어리되어 입을 다물다'라는 구문에 의해 주관적 정서의 우위에로 귀착된다. 다만 유의해야 할 점은 여기서 나타난 도시의 풍경이 원경(遠景)에 가깝다는 점이다. 또한 그런 풍경을 바라보는 화자의 정서 역시 아직까지는 그다지 구체적이거나 강렬하게 제시되어 있지 않다는 점이다.
　제 3연에서는 제 2연의 경우가 형태부의 연결을 통해 병렬 구조를 만든 것과는 달리 제 1, 2행을 명사(어둠, 소리)로 끝맺고 있는 점이 특징적이다. 아울러 도시 밤거리의 분위기를 제 2연에서보다 한 걸음 가까이 다가가서 묘사하고자 한 것으로 보인다. 여기서도 마찬가지로 어둠이 피부의 바깥에 스친다는 표현이나 낯선 거리에 대한 인식을 통해 풍경과 결부된 내면의 정서적 태도를 간접적으로 표출하고 있다는 점이 주목되며, 또한 3행의 '까닭도 없이 눈물겹고나'라는 구문을 통해 이들을 최종적으로 주관적 정서 표출에 기여하는 쪽으로 유도하고 있음을 확인할 수 있다.

제4연의 예는 제2, 3연의 대등적 병렬 구조의 기본틀에 다소간 변형이 가해진 경우로 해석된다. 우선 이렇다할 병렬 구문들이 눈에 띄지 않는 데다가 주관적 정서에 해당되는 '내 어디서 그리 무거운 비애를 지니고 왔기에'라는 구절이 중간 부분인 제2행에 배치되어 있음을 유의할 필요가 있다. 화자 자신이 군중의 무리에 섞이어 듦으로써 도시 풍경을 단순히 외부에서 관찰하는 입장이 아니라 직접적으로 개입하는 태도를 취하고 있으며, 그로 인해 풍경에 대한 거리 자체를 무화(無化)시키고 있다. 더욱이 이 연에서는 '그리 무거운 비애'라는 표현에서 보듯 화자의 감정이 한결 고양된 형태로 제시되어 있다.

문제가 되는 것은 그 다음의 구절, '길―게 늘인 그림자 이다지 어두워'라는 부분인데, 이 구절은 문장상으로는 앞 구절에 연속된 형태로 볼 수 있지만, 의미를 새겨볼 경우에는 오히려 앞 구절과 도치된 것으로 이해하는 편이 옳을 것이다. 즉 시 전체의 진행 구조나 짜임 면에서 볼 때 이 연은 '공허한 군중의 행렬에 섞이어 / 길―게 늘인 그림자 이다지 어두워 / 내 어디서 그리 무거운 비애를 지니고 왔기에'라고 하여야 할 것이지만, 제2행과 제3행을 도치시킴으로써 앞 두 연에서의 단순화된 틀에서 벗어나 약간의 구조적인 변형을 가한 것으로 판단된다. 이러한 변형 과정에는 눈에 띄는 몇 가지 이유를 생각해 볼 수 있다.

첫째, 뒤따르는 제5연 제1행의 존재가 그것이다. 다시 말해 원래대로 배치하였을 때 형태상 거의 유사한 구절이 중첩됨으로써 생길지도 모를 구조적 어색함을 회피해 보려는 의도가 깔려 있는 것으로 판단된다.

둘째, 제2, 3, 4연을 거치는 동안 점증적으로 고조된 감정을 다소간 누그러뜨리고 차분하게 마무리 부분으로 넘어가려는 매개 단계가 필요했기 때문일 수도 있다. 바로 이런 이유들로 인해 구조적 변형의 필요성을 느꼈던바, 시인으로서는 변형 과정이 불가피한 선택이었던 것으로 생각된다.

이상에서 서술된 내용을 도표로 정리해 보면 다음과 같다.

제2연	3행(외면 풍경 + 내면 정서) 1행(내면 정서)	원경	감정의 점층적 고조 ↓ ↓ ↓ 매개항
제3연	2행(외면 풍경 + 내면 정서) 1행(내면 정서)	근경	
제4연	1행(외면 풍경 + 내면 정서) 1행(내면 정서)	일체화 (직접 개입)	
	1행(외면 풍경 + 내면 정서)		

전체적으로 보았을 때, 이 시는 형태상 외면적 풍경보다 주관적 정서를 우위에 둔 제 2, 3, 4연을, 주관적 정서보다 외면적 풍경을 우위에 둔 제 1연과 제 5연이 위아래로 감싸안는 구조로 짜여져 있다. 이와 같은 구조적 특성에는 일단 내면과 외면 사이의 균형 감각을 가능한 한 유지해 보려는 시인 나름의 치밀한 의도가 숨어 있는 것으로 판단된다. 다만 그것이 실질적으로 기대한 만큼의 효과가 있었느냐에 대해서는 얼마간 논란의 여지가 있는 것도 사실이다.

2) 의미 구조 분석

　이미 제 3장에서 한 차례 살펴보았듯이, 이 텍스트의 두드러진 특색은 김광균 자신의 현대 도시 문명에 대한 비판 의식이 담겨 있다는 점이다. 그런데 그 비판 의식은 시인 자신의 내적인 정서 내지 관념과 밀접하게 연관되어 있다는 점이 주목된다.

　제 1연에서 시인은 허공에 황량하게 걸려 있는 등불 아래에서 가야할 목적지를 찾지 못해 고뇌하는 시적 자아의 모습을 보여준다. '차단—한 등불'이란 얼른 찬란한 광채를 띤 듯한 인상을 주지만, 다소 흐릿하고 불투명한 느낌도 아울러 전해 주는 등불을 뜻하는 것으로, 이러한 시어의 사용은 밤거리의 휘황찬란함과, 이에 대비되는 자아 내면의 서글픔을 한꺼번에 드러내 주도록 하는 감정 이입적 인식의 결과물인 것처럼 보인다. 따라서 그 등불의 빛은 밝고 휘황함에도 불구하고 시적 자아의 진로를 명확하게 비추어 제시해 주지는 못하고 있다. 자아가 그 불빛을 단지 슬픈 신호로 인식하고 받아들이는 것은 이 때문이다. 여기서 하늘이 비었다는 표현은 한결 적막하고 쓸쓸한 느낌을 환기시킨다.

  제2연은 시간적 배경과 공간적 배경이 제시되어 있으며, 그러한 배경 속에서 형성된 화자의 정서적 반응을 어렴풋이나마 엿볼 수 있는 부분이다. 텍스트 상에서 볼 때 그것은 시간적으로는 여름날 초저녁, 공간적으로는 고층 빌딩이 즐비한 도심 한 복판의 거리임이 드러난다. 저녁의 황혼 무렵은 김광균의 텍스트에서 자주 등장하는 시간 배경이다. 그것은 하루의 끝 부분에 해당된다는 점에서, 그의 시에 나타난 낭만적 감상성의 한 중요한 축인 상실감과 연결될 가능성을 지닌다. 이와 같은 상실감에의 연결 가능성은 현대 자본주의 도시 문명의 황폐화를 암시하는 이미지들을 나열함으로써 더욱 고조되는 양상을 보이는데, 고층 빌딩을 '묘석'으로, 도심의 찬란한 야경을 '잡초'로 환치시키는 등의 이와 같은 발상법은 당시 시단의 수준에 견주어 보았을 때 단연 경이로운 것이지 않을 수 없다. 그리고 이어지는 제4행의 '사념 벙어리되어 입을 다물다'라는 구절은 그 같은 암담한 상황 속에서 더 이상의 이성적 판단이 정지된 상태, 나아가 현대적 사유 구조가 한계점에 도달한 결과 벌어지는 현대인들의 무정향성과 정신적 방황을 증언해 주는 대목일 수 있다.

  제3연에서는 혼잡한 도시 밤거리의 정경과 그 속에서 경험하게 되는 화자의 거리감, 고독감의 문제를 제기하고 있다. 현대 도시에서 생활하는 생활인들 사이에는 이른바 '군중 속의 고독'이라는, 이전까지는 상상조차 할 수 없었던 새로운 형태의 고독이 등장하게 되는데, 이 경우 고독이란 비인간화되고 개체화·익명화된 도시 공간의 특성을 복합적으로 반영한 주체 내면의 정서적 반응 양태로 기록될 수 있을 것이다. 그것은 현대 사회가 복잡다기해지고 인간 활동과 인간들 사이의 접촉 기회가 보다 활발해지면서, 형식적이고 사무적인 관계가 우선시되는 반면, 예전과 같은 깊은 인간적 유대 관계나 끈끈한 정을 점차 상실해 가는 데 따른 불안감과 허탈감에 기인한다. 이러한 인식은 시인으로 하여금 군중의 무리 속에 있으면서도 그들과 정서적으로 일체감을 형성하지 못하고, 스스로를 따로 분리해 내어 한갓 국외자, 혹은 이방인으로 받아들이게끔 한다. 화자가 '까닭도 없이 눈물겹'다라고 표현한 근본적인 이유는 바로 여기에 있다.

그러한 고독과 그 속에 내재된 불안감, 허탈감의 실체를 좇아 이를 좀더 직접적으로 형상화한 대목이 제4연이다. '공허한 군중의 행렬' 속에서 화자가 느끼는 '무거운 비애'의 의미란 그것이 단순히 무언가의 상실로 인해 빚어진 아쉬움이라기보다는 소외라는 뚜렷한 사회적 병리 현상을 반영하고 있음을 의미한다. 제3행의 '길─게 늘인 그림자 이다지 어두워'라는 대목은 의미상 제2행에 나타난 '그리 무거운 비애를 지니고 왔기에'와 대응된다. 다시 말해서 이 구절은 주체 내면의 비애를 '길고 어두운 그림자'라는 구상화된 이미지로 환치시켜 표현한 것으로, 관념 혹은 정서를 구상화하는 데 능했던 김광균의 장기가 유감없이 표출된 대목이라 할 만하다.

마지막 제5연은 제1연에서의 앞뒤 행의 내용이 서로 뒤바뀐 형태이다. 다만 단순 이동만으로는 마무리를 짓는 데 무리가 있는 까닭에 이 부분에 대한 약간의 수정과 보완 작업이 가해졌다고 보면 된다. 특히 눈여겨보아야 할 부분은 제1행 마지막 구절에서 원래의 '슬픈 신호기에'라는 표현 대신 '에'가 축약된 형태, '슬픈 신호기'가 사용되었다는 점이다. 이는 앞서의 제4연 마지막 구절, '비애를 지니고 왔기에'에서 이미 원인에 해당되는 조사 '에'가 한 차례 사용된 바가 있어, 이와 유사한 구절이 거듭 중복되는 현상을 피하려는 의도에서 굳이 생략한 것으로 보인다.

　　이상에서 살펴본 바와 같이 이 텍스트는 시인 김광균의 현대 자본주의 도시 문명의 운명에 대한 깊은 우려를 바탕으로 하고 있다.

　　좀더 구체적으로, 그것은 그 속에서 생활하는 개개의 생활인들의 의식의 무정향성을 문제삼고 있다는 점에서 중시된다. 이를 굳이 일제 치하의 식민지적 상황 요인과 무리하게 연결 지을 이유는 없으며, 때문에 '온갖 신앙과 가치관이 근저로부터 흔들리는 혼돈된 현대 상황 속에서 생의 지표를 잃은 현대인의 방향 상실감'[69])을 이 텍스트의 주제로 이해하려는 태도는 비교적 온당한 것이라 할 수 있다.

(2) 〈설야(雪夜)〉

어느 머언 곳의 그리운 소식이기에
이 한밤 소리없이 흩날리느뇨.
처마끝에 호롱불 여위어 가며
서글픈 옛 자췬 양 흰 눈이 내려

하이얀 입김 절로 가슴이 메어
마음 허공에 등불을 켜고
내홀로 밤깊어 뜰에 내리면
머언 곳에 여인(女人)의 옷벗는 소리

희미한 눈발
이는 어느 잃어진 추억(追憶)의 조각이기에
싸늘한 추회(追悔) 이리 가쁘게 설레이느뇨.

한줄기 빛도 향기도 없이
호을로 찬란한 의상(衣裳)을 하고
흰눈은 내려 내려서 쌓여
내슬픔 그 위에 고이 서리다.

김광균의 시가 중앙 일간지에 처음 발표된 것은 1926년이다. 그 후 그는 간간이 일간지와 문예지 등에 작품을 투고하여 발표해 왔는데, 이러한 발표에도 불구하고 김광균 자신은 반드시 정식 등단의 기회를 가졌으면 하는 바람을 항상 안고 있었던 듯하다. 그런 그의 바람을 마침내 현실화시킨 것이 바로 위 텍스트인 〈설야〉(1938년 조선일보 신춘문예 시부문 당선작)이다.

김광균 스스로는 이 텍스트에 대해, 약초 극장(현, 스카라 극장)에서 영화를 본 후, 스크린에 오는 눈이 유난히 아름다워 그때 떠오른 생각을 석 달간이나 퇴고를 거듭한 끝에 완성하였노라고 회고한다.* 이 작품이 발표되었을 당시 ≪조선일보≫의 심사위원들은 다음과 같이 평하였다.

　　시〈설야(雪夜)〉는 서정시(敍情詩)의 상실 시대(喪失時代)이라고 할 만한 요사이 드물게 보는 가편(佳篇)이라고 생각하는데 무엇보다도 설야(雪夜)라는 한 개의 정경(情景)이 시인(詩人)의 고요하고 외로운 심혼(心魂)과 잘 조화(調和)되여 조곰도 무리(無理)가 업는 표현(表現)이라는 취(取)한 점이엿다.70)

　이러한 논평은 이미지에 앞서 이 시가 지닌 낭만적이며 감상적인 측면이 당대 평단에서 보다 주목을 끌었음을 입증하는 것일 수 있다. 원래 김광균 시의 출발점이 낭만적 감상성이라는 점을 상기한다면, 이러한 사실은 충분히 고려될 필요가 있을 것이다.
　다른 많은 텍스트들의 경우도 그러하지만, 이 텍스트에 대한 평가 역시 상당히 엇갈리고 있는 것을 볼 수 있다. '〈설야〉같

＊ 김광균,「꿈 속에 가보는 선죽교」,『월간조선』, 1988. 3; 김명옥,「김광균 시 연구」, 교원대 대학원, 1999, 34쪽에서 재인용.
　한편 이 시에 대해 서준섭은 김광균이 한때 심취했던 일본 낭만주의 시인인 이시카와 다꾸보꾸(石川啄木)의〈눈 오는 밤(雪の夜)〉의 영향 가능성에 대해서 조심스럽게 언급한다. (서준섭,「1930년대 한국 모더니즘 문학 연구」, 서울대 대학원, 148쪽 참조)

은 시야말로 진짜 시였던 것이다'[71])라는 극단적인 예찬론으로부터, 이 텍스트가 감정과 사물을 일치시키려는 시인 본래의 의도에도 불구하고 그러한 시도가 실패로 돌아감으로써 치명적인 약점을 지니고 있다[72])는 식의 비판론에 이르기까지, 평자에 따라 적지 않은 편차를 보이고 있는 것이 사실이다. 그러나 이들 모두가 〈설야〉가 김광균의 대표작 가운데 하나이며, 따라서 이 시 〈설야〉에 드러난 장단점은 그대로 김광균 시 전체의 장단점과 일치한다는 점에 대해서는 대체적으로 공감한다.

문제는 지금까지의 논의들의 경우 지나치게 이미지즘이라는 각도에서만 편중되어 조망되지는 않았나 하는 점이다. 물론 이 텍스트가 이미지즘적인 시각에서 주목될 만한 여러 충분한 요소들을 갖추고 있는 것은 사실이나, 단순히 이미지즘이라는 한정된 틀 속에서만 이해되어야 할 필연의 이유 또한 없다는 점 역시 강조될 필요가 있다. 오히려 이 텍스트가 지닌 서정적인 양상에 주목하여, 감상성과 운율이라는 측면을 주의 깊게 보았을 때, 이제까지의 한정된 시각에서의 논의보다도 훨씬 발전적인 결론을 도출해 낼 수 있다고 판단된다.

이와 같은 입장에서, 필자는 일차적으로 〈설야〉의 운율 구조부터 주목하려 한다.

1) 형태적 분석 — 율격 구조를 중심으로

분석에 앞서 우선적으로 짚고 넘어가야 할 사실은, 이 텍스트를 해석함에 있어, 이미지즘이라는 잣대는 그 자체가 수단일 뿐이지 결코 목적과 동일시되어서는 안 된다는 사실이다. 〈설야)는 물론 이미지스트 김광균의 대표작답게 신선한 감각과 이미지의 활용이 돋보이는 시이긴 하지만, 그것 못지 않게 이 시가 구조적인 짜임새를 확보하는 데 기여한 것은 운율이라는 점을 유념할 필요가 있다. 말하자면 이 시는 이미지와 운율의 상호 보완 작용 아래, 보다 서정적이면서 낭만적인 텍스트로 표출될 수 있었던 것이다. 이에 필자는 지금까지의 논의에서 상대적으로 덜 주목받았던 이 텍스트의 율격 구조와 음운 배치에 대해 본격 검토할 필요성을 느낀다.

먼저 율격적인 측면에서 유의하여야 할 사항은 각 행의 끝부분이 예외 없이 5음절로 단일화되어 있다는 점이다. 이러한 사실에 착안하여 좀더 신중하게 음수율을 따져 본다면, 근본적으로 이 텍스트는 7·5조의 기본 음수율을 바탕으로 여기에 약간의 구조적인 변형을 가한, 매우 세련된 형태의 율격 구조를 갖춘 서정시임을 알 수 있다. 그와 같은 시각에서 이 텍스트의 음수율을 정리해 보면 옆의 표에서 보는 바와 같다.

제 1 연	2·7·5 7·5
제 2 연	7·5 7·5
제 3 연	7·5 5·5 6·5 7·5
제 4 연	5 2·2·6·5 3·2·5·5
제 5 연	5·5 6·5 5·5 6·5

먼저, 제1연의 경우에는 처음 도입 부분의 '어느'(2음절)를 따로 떼어놓고 본다면 완벽하게 7·5조 음수율을 지키고 있음을 알 수 있다. 이러한 사정은 제2연의 경우에도 그대로 연결되어서, 제1연과 마찬가지로 7·5조의 형태가 유지되고 있다. 제3연에는 중간 제2, 3행에서 5·5, 6·5 등의 다소간의 파격을 보이고는 있으나 여전히 7·5조의 기본형은 유지되고 있다고 보아도 좋을 것이다.

문제는 제4연의 경우인데, 여기서는 '희미한 눈발'(5음절)이 단독형으로 제시되어 짧은 느낌을 주는 대신, 뒤따르는 제2, 3행이 다소 길게 늘어지는 특징을 보인다. 필자는 위에서 이를 (2·2)·6·5, (3·2)·5·5의 형태로, 7·5조를 다소 변형한 예로 보았으나, 더욱 주목하여야 할 점은 두 행 모두 마지막의 5음절을 제외하면 앞 음절이 10음절씩(2·2·6/3·2·5)으로 일치한다는 점이다.

제5연에서도 역시 이러한 7·5조 기본 음수율은 조금씩 변형된 형태이긴 하지만, 적절하게 유지되고 있다고 볼 수 있다.

이와 같은 율격에 대한 인식과 더불어, 이 텍스트의 음운 구조 또한 눈여겨볼 대목이다. 특히 전 행에 걸쳐 적절한 간격을 두고 반복적으로 사용되고 있는 'ㅎ'·'ㅊ' 두음(한밤, 흩날리느뇨, 호롱불, 흰 눈, 하이얀, 허공, 내홀로, 희미한, 한줄기, 향기, 호올로, 흰눈/처마끝, 자췬양, 추억, 추회)과 'ㄹ' 말음(흩날리느뇨, 호롱불, 서글픈, 절로, 등불을, 내홀로, 뜰에, 눈발, 잃어진, 싸늘한, 설레이느뇨, 한줄기, 호올로, 의상을, 내슬픔)', '‐에' 모음의 배치(소식이기에, 처마끝에, 메어, 허공에, 뜰에, 머언 곳에, 조각이기에, 가쁘게, 설레이느뇨, 그 위에) 등은 이 시가 지닌 서정성과 리듬 감각을 고양시키기에 충분한 역할을 담당하고 있다.

2) 의미 구조 분석

이 시에서 눈은 어느 먼 곳의 그리운 소식으로(제 1 연), 서글픈 옛 자취로(제 2 연), 먼 곳에서 들리는 여인의 옷벗는 소리로(제 3 연), 어느 잃어진 추억의 조각으로(제 4 연), 한 줄기 빛도 향기도 없이 찬란한 의상을 한 존재로(제 5 연) 각 연마다 다양하게 변주되어 등장한다. 이러한 변주의 근저에는 시인의 뿌리 깊은 내면적 고독과 향수의 세계가 가로놓여 있다고 보여진다. 그런 점에서 이 텍스트는 시인 자신의 내면에 뿌리내리고 있는 낭만적 감상성을 눈이라는 하나의 중심 오브제를 매개로 이미지의 다양한 변주 과정을 거쳐 제시해 놓고 있는 셈이다. 문제는 이렇게 다양하게 등장하는 여러 하위 오브제들을 유기적으로 연결시켜 하나로 묶어 주는 힘이 다소 부족하지 않나 하는 점인데, 이러한 약점은 그의 시 전반에 걸쳐 나타나는 약점일 수 있다는 점에서 또 다른 주의를 요하는 것이기도 하다.*

---

* 이 문제에 대해 김은전은 다음과 같은 견해를 제시한다.
"그러나 그의 시에 다루어지는 물체들은 그저 오브제로서, 시인의 의식의 대상으로 남아 있을 뿐, 오브제 상호간에 유기적으로 관련되어 하나의 전체를 형성하는 힘이 부족한 듯이 보인다. 그의 시는 정지된 상태의 풍경화일 뿐, 시간의 흐름을 배경으로 하여 진전되는 드라마가 없다. 다만 그와 같은 오브제에 의해 촉발된 시인 내부의 영적 상태(état d'âme)로서 막연한 권태감, 무기력, 고독감, 망설임, 방향 상실감 등 기분이 제시될 뿐이다." (김은전, 앞의 책, 161쪽)

제1연은 한밤중에 소리 없이 내리는 눈을 바라보며 자아가 상념에 젖어드는 정경을 그린 것이다. 밤의 어둠은 일차적으로 시각 기관의 기능을 상당 부분 제한한다. 이 때 시인은 낮의 일상적인 번잡스러움에서 벗어나 차분한 마음으로 내면 세계로의 통로를 열게 된다. 때마침 내리는 눈은 그러한 자아의 상념을 감상적인 것에로 이끌어 주는 매개 요소이다. 여기서 소리 없음과 흩날림이란 눈 자체의 고유한 속성이기도 하지만, 자아의 입장에서 본다면 그것은 또한 뚜렷하게 인식될 수 없음과 명확하게 파악되거나 잡혀지지 않음으로 인해 그리움의 의미를 보다 아련한 것으로, 더욱 애절한 것으로 채색시켜 주는 기능을 담당한다.

그러한 아련함과 애절함을 감각화, 구체화시켜 표현한 것이 바로 제2연에서의 '처마끝에 호롱불 여위어 가며'라는 구절이다. 한밤중 여위어만 가는 호롱불은 자아의 의식 내에서 떠오르는 과거에 대한 기억이 선명치 못하며, 그것을 애써 상기하는 일 또한 미약하거나 위태롭게 느껴진다는 것을 의미한다. 그러나 과거의 기억은 그 미약함으로 인해 역으로 자아의 내면적 지향성을 더욱 강하게 잡아끄는 효과를 발휘한다.

제3연에서 주목해 볼 필요가 있는 대목은 제2행의 '마음 허공에 등불을 켜고'라는 구절과 제4행의 '머언 곳에 여인의 옷벗는 소리'라는 구절일 것이다. 먼저 제2행의 구절은 '마음'과 '허공' 사이에 조사 '-의', '-은', 혹은 '-으로'가 생략된 형태로 이해 가능하다. 그로 인해 의미의 진폭이 보다 풍부해지는 결과를 초래하였는데, 이러한 점에서 볼 때 조사의 생략은 다분히 의도적인 것처럼 보인다. 또 제4행의 '머언 곳에 여인의 옷벗는 소리'는 눈 내리는 정경을 공감각적으로 형상화한 구절로서 제5행에서의 '호을로 찬란한 의상을 하고'라는 구절의 의미와 연계하여 이해해 볼 필요가 있다. 겨울 밤 눈 내리는 정경은 시인에게 여인의 옷이 너울거리는 듯한 환상을 불러일으키는데, 이를 단순히 시각적으로 묘사하기보다는 청각적인 인상까지를 가미하여 풀어써 본 예에 해당한다.

제4연에서는 제1연에서의 눈이 '머언 곳', 즉 공간적인 거리감을 드러낸 것이었다고 한다면, '추억'이라든가 '추회'라는 시어에서 보듯 시간적인 거리감의 표상으로 환치되어 있음을 눈여겨볼 필요가 있다. 동시에 그것은 희미하지만, 앞서와 마찬가지로 그 희미함이 오히려 자아의 내면을 보다 강하게 자극하고 잡아끄는 효과를 발휘하고 있음을 알 수 있다.

제5연에서 시인은 이제까지의 고조된 정서를 차분하게 정리하고 마감하는 태도를 취한다. 이미 이 텍스트가 지닌 운율적인 측면에 대해서는 개략적으로 살펴보았으나, 여기서 다시 주의를 끄는 것은 제1행과 제3행에서의 반복적인 요소, '빛도 향기도'와 '내려 내려서'에서 맛보게 되는 또 하나의 색다른 리듬감이다. 그리고 마지막으로 하늘에 흩날리는 눈이 지니는 무정형적·무지향적인 특성에서 벗어나, 그것의 쌓임으로 인해 슬픔의 서림이라는 하나의 정향적인 의미를 획득하게 되었다는 사실이다.

(3) 〈추일서정〉

    낙엽(落葉)은 폴―란드 망명 정부(亡命政府)의 지폐(紙幣)
    포화(砲火)에 이즈러진
    도룬시(市)의 가을 하늘을 생각케 한다.
    길은 한줄기 구겨진 넥타이처럼 풀어져
    일광(日光)의 폭포 속으로 사라지고
    조그만 담배 연기를 내어뿜으며
    새로 두시의 급행차(急行車)가 들을 달린다.
    포플라나무의 근골(筋骨) 사이로
    공장(工場)의 지붕은 흰 이빨을 드러내인채
    한가닥 꾸부러진 철책(鐵柵)이 바람에 나부끼고
    그 우에 세로팡지(紙)로 만든 구름이 하나.
    자욱―한 풀버레 소리 발길로 차며
    호을로 황량(荒凉)한 생각 버릴 곳 없어
    허공에 띄우는 돌팔매 하나.
    기울어진 풍경(風景)의 장막(帳幕) 저쪽에
    고독한 반원(半圓)을 긋고 잠기여 간다.

  1930년대 한국 이미지즘 시의 특성을 논할 때면 으레 거론되는 텍스트 가운데 하나가 바로 위에 인용된 김광균의 〈추일서정〉이다. 널리 알려져 있다시피 이 텍스트는 원래 1940년 『인문평론』 제10호에 처음 발표되었으며, 그 후 약간의 수정 과정을 거쳐 그의 두 번째 시집인 『기항지』(정음사, 1947)에 수록되었다. 여러 가지 다양한 소재와 이미지·기법 등을 동원하여 가을날의 서정을 읊은 것인데, 그 과정에서 시인이 보여준 언어 조형 능력은 당대의 시단에 신선한 충격을 던져 준 것으로 기록되고 있다.

그러나 이 시가 더욱 주목을 끄는 것은 당대의 국제 정세와 현대 문명에 대한 시인 나름의 비판적 자세와 인식이 간접적인 방식으로나마 제시되어 있다는 점이다. 나치 독일의 폴란드 침공으로 말미암아 제 2 차 세계대전의 서막이 올랐거니와, 이 시기를 전후하여 당대의 지식인들이 지녔던 시대적 불안감이나 문명에 대한 위기 의식 등이 이 텍스트 내에 반영되고 있는 것으로 생각되기 때문이다. 시인의 의도는 바로 그와 같은 시대적 불안감과 위기 의식을 황량하고 삭막한 이미지들을 적절히 동원하여 표현해 내고자 한 것일 터이다. 지금까지 이 텍스트에 대한 대부분의 해설이 주로 이미지나 수사적 기법들에 초점이 맞추어져 왔던 만큼, 여기서는 주로 시의 의미 구조에 대한 이해에 치중하기로 한다.

1) 의미 구조 분석

이 시의 의미 구조를 이해하기에 앞서 먼저 유의하여야 할 점은 이 시가 표면적으로는 이미지의 나열을 통해 회화적 풍경과 그것에 연관된 주관적 서정을 내세우고 있는 듯이 보이지만, 실상은 현대 문명에 대한 고도의 비판적 인식을 그 배후에 깔고 있다는 사실이다. 실제 이미지에만 주의를 기울이다 보면 이 시의 비유나 이미지들은 지나치게 경박하다거나 희화화된 것처럼 보인다. 제 4 행에서 보이는 '일광의 폭포 속으로 사라지고'라든가 제 5, 6 행의 '조그만 담배 연기를 내어뿜으며 새로

두시의 급행차가 들을 달린다'라는 구절, 그리고 제 11 행의 '세로광지(紙)로 만든 구름'과 같은 구절 등이 특히 그러하다. 그러나 이런 구절들의 의미를 단순히 이미지에만 머물지 않고 급박하게 전개되는 당대의 국제 정세와의 상관 관계 위에서 이해하려 한다면 우리는 그 속에서 보다 폭넓은 의미의 함축을 발견하게 될 것이다. 위와 같은 사실을 보다 면밀하게 살펴보기 위해서는 이 시를 대략 4부분으로 나누어 고찰해 볼 필요가 있지 않을까 한다. 첫 부분은 제 1~3 행까지, 둘째 부분은 제 4~7 행까지, 셋째 부분은 제 8~11 행까지, 넷째 부분은 제 12~16 행까지로 세분된다.

첫 부분에서 시인은 '낙엽'을 '폴란드 망명 정부의 지폐'에 비유하며, 이것에서 다시 '포화에 이즈러진 도룬 시의 가을 하늘'의 이미지를 발견해 낸다. 이 같은 비유법은 물론 가을이라는 계절이 불러일으키는 쓸쓸함이나 허망함, 쇠락함과 같은 정서를 강조하기 위함이라고 볼 수 있겠지만, 한편으로는 점차 열악해져 가는 시대 상황과 현실 조건에 대한 주체 내면의 위

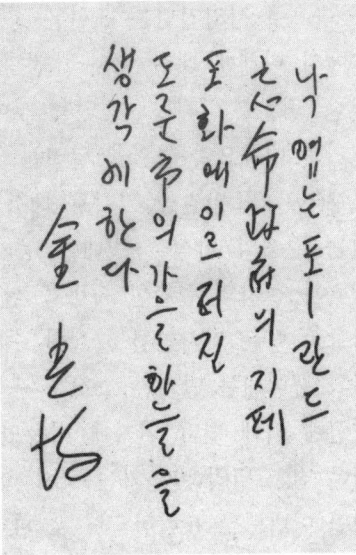

김광균의 사인과 함께 기록되어 남아 있는 〈추일서정〉의 친필 원고 일부

기 의식의 간접적인 발현이라고 볼 수도 있다. 시대적 위기 의식과 불안감을 가을이라는 계절이 던져 주는 황량하고 삭막한 느낌에 실어 표현해 본 것이라고 생각할 수도 있겠기 때문이다.

둘째 부분에서 보이는 '일광의 폭포'라는 구절은 첫 부분에서의 삭막하고 황량한 느낌에 비해 지나치리만치 강렬하게 보이며, 그런 점에서 다소 경박스런 느낌을 주는 것도 사실이다. 그러나 만일 여기서 '일광(日光)'을 제국주의 일본의 의미로 바꾸어 이해해 보면 어떨까. 이러한 해석 방식이 일견 타당하다고 한다면, 전후의 의미 맥락과 이미지 연결도 무리 없이 소화될 수 있으리라 생각된다. 즉 길이 넥타이처럼 풀어져 일광의 폭포 속으로 사라진다는 표현은 점차 강화되어 가는 일제의 압제 속에서 미래에 대한 역사적 전망이 불투명한 상황을 묘사하기 위한 구절로 이해될 수 있을 것이다. 그렇다면, 이어지는 담배 연기를 내뿜으며 들판을 달리는 급행 열차의 이미지 역시 중일 전쟁(1937)의 발발을 기화로 대륙 침략을 본격적으로 서두르고 있는 일제의 야심을 빗대어 풍자한 표현이 아닐까. 대규모의 병력과 물자의 원활한 수송을 위해서는 한반도를 가로질러 대륙으로 뻗은 기차만큼 확실한 수단이 없었던 것이며, 이 때 기차가 뿜어내는 연기는 그것을 근심 어린 눈길로 바라본 화자의 시선에 의해 담배 연기에 비유되었던 것이다. 다시 말해 제2연은 점차 열악해져 가는 당시 국내의 사정을 암시적이고 비유적인 어법으로 표현한 것으로 판단된다.

셋째 부분에서는 문명 파괴적 이미지들을 나열함으로써 그 같은 전쟁이 몰고 올 참상을 비판적인 시각에서 그리고 있는 것으로 보인다. 그것은 보다 구체적인 이미지들을 통해 제시되고 있는데, '포플라나무의 근골'이나 '흰 이빨을 드러낸 공장 지붕', '꾸부러진 철책' 등은 완전히 파괴되고 거덜난 현대 문명의 처참한 몰골을 연상케 한다. 그리고 그 위로 떠 있는 '세로팡지로 만든 구름'을 하나 마지막에 배치한 것은 매우 시니컬한 표현이다. 한마디로 국제 정세의 불안이 몰고 온 위기적 인식과 앞으로의 세계 전쟁이 몰고 올 참상을 앞질러 예견한 대목이라 생각된다.

넷째 부분에서는 지금까지의 외적 상황에 대한 암시적인, 혹은 풍자적인 진술 태도와는 달리, 시인 자신에게로 돌아와서 내면적 고독과 갈등의 문제를 부각시키며 끝맺고 있다. 이러한 결말 처리 방식은 다소 모호하고 안이한 태도처럼 비칠 수도 있으나, 김광균 본래의 낭만적이며 감상적인 시작 성향과 일제 치하라는 당시의 특수 사정을 고려해 본다면 그에게서 이 이상의 치열함을 기대하기란 무리이다. 다만 그것이 외부적으로 폭넓게 확산되는 문제 의식의 표출 형태가 아니라 안으로만 기어드는 문제 제기의 수준에서 어설프게 마무리된 것은 기왕의 기대에 부합하지 못하는 면이 없지 않다. 논의의 방향은 조금 다르지만, 이 부분의 처리 방식을 두고 문덕수가 "문명에 대한 비판은 그만큼 문명으로부터의 아픈 반응을 받게 되는데, 김광균은 그것을 극복할 수 있는 그 다음의 모럴이 없는 것 같다"[73]라고 지적한 것은 눈여겨보아야 할 대목이다. 여기서 '허공에 띄우는 돌팔매'란 현실의 억압으로부터 벗어나고자 하는 자아의 욕망이 돌발적으로 표출되는 상황을 이름이다. 그러나 그 욕망은 결국 열악한 현실 조건 속에 파묻혀 '고독한 반원을 긋고 잠기여' 감으로써 현실적인 탈출구를 확보하는 데 실패한다. 이는 결국 이상을 향한 자아의 상승 욕구(돌을 하늘을 향해 던지는 행위)가 '기울어진 풍경의 장막 저쪽'으로 암시되어 있는 뒤틀어진 현실의 하강적 국면(던진 돌이 지상의 중력에 의해 다시 땅에 떨어지는 광경)에 의해 여지없이 좌절되고 꺾이게 되는 상황을 의미한다고 볼 수 있지 않을까.

지금까지의 논의를 재정리하여 본다면, 〈추일서정〉은 표면상 가을날의 쓸쓸하고 황량한 자아의 서정을 문명 비판적인 인식과 더불어 표현해 본 텍스트로 이해할 수 있지만, 연구자적인 입장에서 그보다 더 중요시되는 것은 시적 자아의 상태를 그와 같은 분위기로 몰고 간 외적 상황, 즉 당대의 열악한 시대 현실과 국제 정세이며, 그로부터 촉발된 자아 내면의 위기 의식이라고 할 수 있다. 그 위기 의식은 현실 상황의 열악함에서 촉발된 위기 의식이며, 동시에 미래 역사에 대한 전망의 부재에서 오는 위기 의식인 것이다. 그러므로 그것은 분명 우리 민족의 장래와 현대 문명 전체의 역사적 방향성에 대한 불안감을 담고 있다. 다만 그것이 그 이상의 치열함을 확보하지 못한 채 끝 부분에서 패배주의적인, 혹은 자포자기식의 태도로 마무리되고 만 것은 아무래도 아쉬운 대목이라 하지 않을 수 없다. 이 점이 끝내 이 텍스트가 가을날에 펼쳐진 한 개인의 주관적 서정의 차원에 머물 수밖에 없었던 경위인 것이다.

■ 보 론

〈와사등〉에 나타난 시어 '차단—한'의 의미에 대하여

이 시어의 의미에 대해서는 그간 몇몇 연구자들이 자기 나름의 해석을 덧붙인 바 있다. 그 내용을 간추려 소개해 보면, ① '차디찬'으로 이해하는 경우, ② '차단(遮斷)한'으로 보는 경우, ③ '차다(寒) + ㄴ한'으로 형태소를 풀어 이해하는 경우로 정리해 볼 수 있다.

먼저 ①의 입장에 선 경우[74]의 주장을 살펴보면, '차단하다'라는 뜻으로 해석할 경우 전후 문맥상 의미의 연결이 자연스럽지 못하다는 인식에 기초하고 있다. 다시 말해 이 시 전체의 문맥을 고려해 볼 때, 이 시어를 '무엇을 막아서 그치게 하다'라는 의미의 '차단한'으로 보기에는 여러 가지 점에서 무리가 있다는 것이다. 따라서 문맥의 의미에 걸맞는 새로운 해석이 요구되는데, 이 경우 가장 적합한 해석이 '차디찬'의 변형으로 받아들일 수 있다는 태도이다.

이러한 이해는 일견 타당성을 지니고 있는 듯이 보인다. 가스(와사)등이 뿜어내는 비인간적으로 느껴질 만큼의 강력하고 새하얀 빛의 성격과 변화 없는 그 금속성의 이미지를 고려해 볼 때, 아울러 도시의 밤거리에서 느끼는 자아 내면의 고독을 강조하고 있는 이 텍스트 전체의 의미를 고려해 볼 때, 시인이 이러한 의미를 시어 속에 의도적으로 부여했음을 기대해도 나뿔 것은 없다. 다시 말해서 이러한 내외의 상황을 종합적으로 고려해볼 때, 시인이 와사등의 불빛에서 심정적인 싸늘함과 차가움을 느낄 수 있었음직도 하기 때문이다.

그러나 이런 해석은 결정적으로 이 시의 배경이 되는 계절이 여름이라는 점에서 설득력을 잃는다. 심정적으로 싸늘함과 차가움을 느꼈음직하다고 강변할 수 있을지는 몰라도, 한 여름 날 밤을 배경으로 한 시에서 구태여 무리를 해가면서까지 전체의 의미와는 동떨어진 '차디찬'이라는 의미를 지닌 시어를 시인이 고집할 이유는 없을 것이기 때문이다.

②와 같은 주장을 하는 연구자들의 경우는 무엇보다도 김광균이 그의 시에서 개인 조어를 만들어 사용한 예가 거의 없다는 점을 내세운다. 말하자면 적혀진 그대로의 글자의 의미에 충실하자는 것이다.

이렇게 보았을 때, 앞서 '차디찬'에서와 같은 촉각적인 이미지 대신 '차단한'이라는 말에서 느낄 수 있는 시각적인 인식이 보다 강조된다. 그러므로 '차단—한 등불'이란 말에서 독자는 시적 자아의 등불에 대한 강한 단절 의식과 그 시각적, 심리적 효과를 함께 경험하게 된다는 논리이다. 그리고 이는 결국 '어떤 상황이나 방향과도 연결되어 있지 않은 절대 단절 속의 등불'이 '향하여 나갈 어떤 방향도 제시해 주지 못하는 슬픈 신호'가 되고 있음을 나타낸 것[75])이라고 할 수 있다.

이 해석은 시어의 의미를 자의적으로 왜곡할 가능성을 경계하였다는 점에서 의의를 지닌다. 일정한 근거 없이 텍스트 내적 문맥만으로 독특하게 활용된 시어의 의미를 정확히 추적하기란 일종의 모험이 아닐 수 없다. 대개의 경우 그러한 추적은 작가의 의도와는 동떨어진 무리한 해석을 낳기 마련이다. 이 해석 역시 이러한 점들을 주의 깊게 인식한 결과이다.

그러나 상당 부분을 양보한다 하더라도, '차단—한'의 의미를 단순히 글자 그대로의 의미로 이해한다는 것은 여러 가지 점에서 현명치 못한 처사이다. 밤거리를 밝혀야 할 등불을 굳이 차단해 놓을 이유가 없으며, 설령 그것이 부분적으로 차단되었다고 이해한다 할지라도 이는 곧 그 이후에 쓰인 '찬란한 야경'이나 '길게 늘인 그림자'의 이미지와는 정면으로 배치되기 때문이다. 시인이 자아 내면의 심리적인 단절감을 전달하기 위해 등불이 지닌 원래의 의미를 훼손할 수도 있는 이런 애매한 용어를 기준 없이 끌어썼다고 보기도 어렵다.

이런 고민 속에서 고육책으로 등장한 것이 ③의 입장이다. 이 시어는 '차다'라는 동사 기본형에 'ㄴ한'이라는 관형형 어미를 덧붙인 형태라는 해석이다.76) 재미있는 해석이긴 하나 기본형 어미에다가 다시 '하다' 형태의 관형형 어미를 붙인다는 것은 어법상 맞지 않을 뿐 아니라, 상식적으로도 시인이 굳이 그렇게 무리한 조어를 강행할 아무런 이유를 찾을 수 없다.

지금까지 소개된 제 견해들은 다 그 나름의 장단점을 지니고 있다. 그러나 분명한 것은 어느 견해도 이 텍스트 전체의 문맥의 흐름과 구조를 흐트러뜨리지 않고 뒷받침해 줄 수 있는 해석은 못 된다는 점이다.

이 시어의 올바른 해석을 위해, 먼저 우리가 유의해야 할 사항은 이 텍스트 외에 김광균이 이 시어를 활용한 예가 없느냐

하는 것이다. 동일 시인에게서 동일한 시어의 의미가 다른 의미로 활용될 가능성은 적으며, 특히 이 경우는 그럴 가능성이 거의 없다고 해도 과언이 아니다. 이런 관점에서 여기 해당되는 사례들을 별도로 조사, 수집해 보면 다음과 같다.

빗소리는 다시 수없는 추억의 날개가 되어
내 가슴 위에 차단—한 화분(花粉)을 뿌리고 갑니다.
―〈밤비〉일부―

호수가엔
여윈 갈대와 차단—한 산맥이 물결 위에 서리고
―〈소년사모〉일부―

어둔 천정에
희부연 영창 위에
차단—한 내 꿈 위에
―〈등(燈)〉일부―

차단—한 램프가 하나 호텔 우에 걸려 있다.
뒷거리 조그만 씨네마엔 낡은 필림이 돌아가고
스크린 우엔 어두운 가을비가 내려퍼부었다.
―〈환등〉일부―

무덤 옆엔 작은 시내가 은실을 긋고 등 뒤에 서걱이는 떡갈나무 수풀 앞에 차단—한 비석이 하나 노을에 젖어 있었다.
―〈수철리(水鐵里)〉일부―

위의 사례들로 미루어보건대, 일단 '차단—한'의 의미는 '차디찬'에서와 같이 촉각적인 이미지를 제공하는 것이 아니라 시각적인 이미지와 연관되어 있는 것으로 보인다. 왜냐하면 '차단—한'과 대응되는 위치에 놓이는 시어들이 '여윈', '어둔', '희부연', '작은' 등 시각적인 이미지를 위주로 한 것들이기 때문이다. 또한 이와 같은 일련의 시어들에 근거하며 유추해 보았을 때 그 규모 면에서는 별로 크거나 화려하지 않는 듯한 인상을 준다.

다음으로, 이 시어가 수식하는 명사들을 살펴보면 '화분', '산맥', '꿈', '램프', '비석' 등 자연과 문명, 유형과 무형의 각 대상에 두루 통용되고 있는 것을 알 수 있다. 이처럼 폭넓은 수식이 가능하다는 것은 그만큼 이 시어의 쓰임이 보편성에 기초하고 있으며, 어느 한쪽에만 일방적으로 치우치지 않는다는 것을 의미한다.

또한 '차단—한' 대상들이 처해 있는 상태를 점검해 보면, 뿌리고 가거나, 물결 위에 서리거나, 노을에 젖어 있음을 알게 된다. 이는 반드시 '차단—한'의 의미와 직접적인 연관을 가진다고 볼 수는 없지만, 적어도 뿌리고 갈 수 있는 고운 입자로 된 것이나, 물결 위에 서릴 수 있을 정도의 분명한 색감과 형체를 지닌 것, 그리고 노을에 젖은 어떤 물체가 지닌 고유의 성질과 연관된 것이라는 사실은 분명하다.

여기서 또 한 가지 우리의 관심을 강하게 자극하는 사항은 김광균이 일찍이 몇 차례에 걸쳐 자신의 작품을 수정하면서, 이 시어를 의도적으로 손본 예가 있다는 점이다. 〈설야〉 마지막 부분의 다음과 같은 변천 과정을 유의해 보자.

한줄기 빗도 향기도 업시
호올로 싸느란 의상(衣裳)을 입고
힌눈나려 나려서싸여

내슬픔 그우에 고히서리다

— ≪조선일보≫(1938. 1. 8.) —

한줄기 빗도 향기도 없이
호을노 차단한 의상(衣裳)을 하고
힌눈은 나려 나려서 싸혀
내슬픔 그우에 고히서리다

— 『와사등』(1939판) —

한줄기 빛도 향기도 없이
호을로 찬란한 의상(衣裳)을 하고
흰눈은 내려 내려서 쌓여
내 슬픔 그 위에 고이 서리다.

— 『와사등』(1977판) —

　인용된 예를 통해 알 수 있듯이 〈설야〉의 마지막 밑줄친 부분은 원래 '싸느란'의 형태로 발표된 것이 그 후 '차단한'으로 바뀌었으며, 최종적으로 '찬란한'의 형태로 수정되어 오늘날까지 확정본으로 인정받고 있는 형편이다. 물론 이들 사이에 아무런 연관 관계가 없을 가능성도 배제할 수는 없으나, 그 변천 과정을 검토해 볼 때 적어도 1차 수정 단계(싸느란 → 차단한)에서는 상당한 의미 변화가 있었을 것으로 판단되며, 이후 2차

수정(차단한 → 찬란한)의 경우는 미묘한 의미 차이를 염두에 둔 결과이지 않을까 싶다. 이상의 추론 과정을 통해 본다면, 일단 이 시어는 '찬란한'과 의미상 어느 정도의 연관이 있다고 추정될 수 있을 것이다.

이와 같은 몇 가지 사실들을 기초로 '차단―한'의 의미를 재차 정리해 보면, 이 시어는 '찬연한'과 '뿌연(흐릿한)'이라는 상호 이질적인 의미를 지닌 개념들이 한 데 융합된 표현이 아닌가 싶다.

먼저 '찬연한'의 의미를 내포하고 있다고 볼 수 있는 근거로는 이 용어가 '화분'이나 '꿈', '램프' 등과 같이 희망, 혹은 이상이나 빛과 연관된 시어를 수식한다는 점. 그리고 물결 위에 서린다거나 노을에 젖는다는 표현 역시 색깔이나 빛과 관계 있는 것이라는 점을 들 수 있다. 다시 말해서 이 구절들은 일차적으로 '찬연한 화분'이나 '찬연한 꿈', '찬연한 램프' 등으로 이해될 수 있으며, 찬연한 산맥이 물결 위에 서린다거나, 찬연한 비석이 노을 속에 젖어 있다는 표현 역시 그리 무리 없이 이해될 수 있는 표현이기 때문이다.

그러나 이 시어를 단순히 '찬연한'의 의미로만 읽는다는 것은 또 다른 해석상의 난점을 불러들일 수 있다. 무엇보다도 김광균이 그의 텍스트에서 별도로 이와 유사한 '찬란한'이라는 시어를 자주 동원하고 있다는 점이 지적되어야 할 것이다. 앞서 제시된 〈와사등〉의 경우에도 역시 제 2 연에 '찬란한 야경 무성한 잡초인양 헝클어진채'라는 구절이 등장하고 있는 것이 눈에 띈다. 이런 점으로 미루어, 김광균은 '차단―한'과 '찬란한(혹은 찬연한)'의 의미 차이를 분명히 두었음을 알 수 있다.

'찬연하다'라는 용어는 어떤 물체가 눈부실 정도로 빛을 반사해 낸다는 것을 의미한다. 그러나 위에서의 정황을 살펴보면, 그 빛은 눈을 뜨지 못할 정도의 휘황하고 자극적인 광채는 아닌 것 같다. 그것은 〈밤비〉에서 보듯 '추억의 날개'라는 퇴영적 인식 속에 머물러 있다거나, 물결 위에 서린다(〈소년사모〉)는 구절이 암시하듯 원래의 뚜렷한 형체와는 조금 거리가 있는 표현과 관계된다거나, 어둡고 희부연(〈등〉) 사물들과 대비된다거나, 낡은 필름, 어두운 가을비(〈환등〉)과 어울린다거나, 황혼 녘의 노을에 젖은 물체 위에 서린 기운과 관계가 있다는 점 등을 염두에 둔다면 더욱 그렇다. 바로 위의 구절들에서 유추해 볼 때, 이 시어에는 '빛이 지나치게 강렬하지 않고 조금은 흐릿한' 정도의 의미가 가미되어 있다고 이해해야 한다. 이러한 해석은 이 단어에 심정적인 분위기가 개입되었음을 의미하는 것일 수 있다. 즉 겉보기에는 찬연해 보일지 모르지만, 대상을 바라보는 주체 내면의 우울하고 서글픈 심리가 투영된 결과, 겉으로 드러난 찬연함 이외에 부가적인 새로운 의미를 지니게 된 감각어라고 판단된다.

결론적으로 김광균의 텍스트에 나오는 '차단—한'의 의미는 '찬연하게 빛을 발하긴 하지만 한편으로 그 광채가 다소 부족하여 멀리 뻗어 나가지 못하는 까닭에 부옇고 흐린 듯한 인상도 함께 전달해 주는' 정도의 의미로 풀어 해석하는 것이 바람직할 것이다.

1986년, 덕수궁 뜰 안 산책길에서

5

문학사적 위상

 1930년대 이 땅의 시문학을 논하려 할 때, 모더니즘의 거대한 물줄기를 비켜갈 수는 없을 것이다. 비록 그것이 서구적 세계관과 감각의 압도적인 인력에 이끌려 출발한 것이라 할지라도, 당대의 우리 시단에 던진 충격은 참으로 어마어마한 것이었다. 김기림, 이상, 정지용, 오장환, 장만영 등이 이러한 흐름을 대표하는 시인들로 거론될 수 있으려니와, 이러한 논의의 와중에서 김광균 역시 응당 비중 있게 다루어져야 할 존재임에 틀림없다.
 지금까지 논의되었던 바와 같이 애초에 김광균이 모더니즘, 혹은 이미지즘이라는 서구적 문예 사조에 뚜렷하게 의식적으로 다가선 것으로 보이지는 않는다. 그는 김기림에 이끌려 우회적으로 그것에 다가설 수 있었으며, 더불어 그가 모더니스트로 자리매김되었던 것도 역시 그의 문학적 동반자이자 후견인이라 할 수 있는 김기림에 의해서였다. 그러나 이 경우 초기

장만영 시비 제막식 모습(왼쪽엔 정비석, 오른쪽엔 송지영 씨와 함께)

단계에서 그의 모더니즘에 대한 경사가 비자각적이었다는 사실은 그의 시를 이해하고 그의 문학을 평가하는 데 별다른 지장을 초래하지는 않는다. 오히려 그런 사실로 인하여 김광균의 텍스트는 다른 모더니즘 시인들에게서 쉽사리 찾아볼 수 없는 그만의 독특한 매력을 지니게 되었다고도 볼 수 있다. 거시적으로 보아 그가 모더니즘 시인임은 틀림없는 사실이나, 단순히 모더니즘적인 시각에서만 조명될 수 없는 이유가 바로 여기에 있는 것이다.

  이와 같은 관점을 재확인하면서, 지금까지 논의되었던 사항들을 토대로 시인 김광균의 활동이 갖는 시사적 의의와 그의 문학사적 위상을 다시 한 번 정리해 본다면 다음과 같다.

첫째, 먼저 그는 시와 회화, 문학과 미술간에 놓인 전통적인 장벽을 허물고자 시도한 1930년대의 대표적인 이미지즘 시인이다. 앞서 말한 바와 같이 초기 단계에서 그가 충분히 이 점에 대해 자각적이지는 못한 것은 사실이지만, 그 후 그는 화가들과 자주 어울리면서 회화적 기법과 모티브들을 자신의 시 속에 구현하기 위해 여러 각도에서 모색을 거듭하였다. 이런 그의 시도는 원래 시라는 장르가 지닌 전통적인 음악성으로부터 벗어나 새로이 회화성에 관심을 기울이게 되는 결과를 초래한다. 물론 이 같은 관심은 김기림과의 만남 이후 그가 본격적으로 영향을 입은 서구 모더니즘, 그 가운데서도 특히 영미 계열의 이미지즘 시론에 영향을 입은 바 크지만, 그 실질적인 체질화를 위해 당대의 중요 화가들과 서구 현대 미술의 흐름에 대해 예민한 촉수를 늘어뜨렸던 그의 노력 또한 마땅히 주목하지 않을 수는 없을 것이다. 그의 텍스트에 나타난 감각적 이미지와 뛰어난 언어 조형 능력은 바로 그런 노력의 결과인바, 이 시기를 전후하여 우리 시단에서 이미지와 언어 조형에 대한 인식은 대폭 개선되었다고 할 수 있다.

둘째, 원래 그는 낭만적 감상주의자라고 할 정도로 짙은 서정적인 측면을 지니고 있었다. 이 점은 영미 쪽 이미지즘 시론의 시각에서 본다면 매우 바람직하지 못하다고 평가될 수 있겠는데, 그것은 원래 이미지즘에서 강조하는 이미지란 '건조하고 견고한' 특성을 지닌 이미지에 한정된다는 점에서 그러하다. 그러나 이런 기준은 어디까지나 서구적인 기준일 뿐, 우리 시단이 이를 그대로 답습하여야 할 어떤 필연적인 이유도 찾을 수 없다. 한마디로 그의 이미지즘에의 경사는 이미 김재홍이 정확하게 지적한 바와 같이[77] 방법론적인 탐구로서의 의미에만 국한되어야 한다. 그는 천성적으로 지성적인 시인이라기보다는 감성적인, 혹은 낭만적인 시인이었다. 그런 점에서, 그가 본래 지닌 정서적인 면, 감성적인 면과 이후 새로이 터득한 기법으로서의 이미지와의 조화는 시작 과정에서 그가 추구하여야 할 주요한 목표였으며, 이 단순치 않은 문제를 그는 어느 정도 성공적으로 수행해 내었다고 할 수 있다. 그의 시들이 '외부 세계의 단순한 재현이 아닌, 시인의 주관이 투영된 한 폭의 인상화'[78]로 기록되고 있는 것은 이런 이유에서이다.

셋째, 도회적 감각과 현대적 소재를 즐겨 활용하는 한편, 주제 면에서도 현실 인식과 역사 의식을 간접적으로나마 표출함으로써 당대 사회의 변화를 텍스트 내에서 능동적으로 흡수하려 하였다. 물론 그가 영미 모더니즘에서 중요시여기는 적극적인 문명 비판 의식까지를 수용한 것은 아니었다. 그러나 그는 근대 문명의 배후에서 맞닥뜨리게 되는 부정적인 면들을 포착하여, 이를 몇몇 텍스트 속에서 우회적으로 형상화해 내고 있다. 이러한 표현법에는 한편으로 소시민적인 사고와 생활 태도의 테두리를 벗어나지 못한 것[79]이라는 비판이 뒤따르는 것도 사실이지만, 평소 김광균의 기질이나 당대 사회의 전반적인 분위기로 미루어 그 이상의 치열함을 그에게 요구하는 것은 어차피 무리일 수밖에 없다. 즉 그가 근대적 도시 문명에 관심을 가졌던 것은 소재나 발상, 기법의 측면에서이지 주제적 측면은 아니라고 할 수 있다. 그럼에도 그는 어느 정도 이 부분을 완전히 밀쳐 두지는 않았던 것으로 보이는데, 그런 그의 관심이 일부 텍스트에서 우회적이고 암시적인 형태로 나타난 것은 당연한 일이다.

물론 그의 시에도 일면 약점이 없었던 것은 아니다. 충분한 내면 공간을 확보하지 못했다거나, 지나치게 서구 편향적인 듯한 소재의 나열과 발상 형식의 단조로움 등은 분명 아쉬운 대목이 아닐 수 없다. 그러나 그런 일부 아쉬운 점에도 불구하고, 지금까지 살펴본 바와 같이 그가 우리 시에 미친 영향력은 결코 간과할 수 없을 정도의 중요성을 지닌다.

위에 열거된 이러한 몇 가지 지적 사항 외에도 그가 차지하고 있는 시사상의 위치를 논하기 위한 목적에서 거론되어야 할 사항은 더 있을 수 있다. 그러나 그들 대부분은 김광균 일 개인에 한정된 것이 아니라, 사실상 1930년대 한국 모더니즘 시라는 거시적인 테두리 내에서 조망되어야 할 것들이라고 본다. 이 말을 역으로 해석한다면, 당대의 모더니즘 시단에서 김광균이 차지하는 위상은 그만큼 절대적이며 확고부동한 것이라고 이해해도 좋으리라. 그는 비록 당시 우리 문단에서 활동하던 모더니즘 시인, 소설가들의 친목 단체인 구인회 회원은 아니었으나, 그들 회원의 활동에 비견될 만한 뚜렷한 성과와 자취를 우리 근대 문학사에 남겼다. 그리하여 그가 남긴 발자취는 구인회 회원인 시인 김기림, 정지용, 그리고 이상 등의 이름과 더불어 영원히 기억되어야 할 것이다. 그런 자세야말로 우리 현대 문학사의 가장 빛나는 순금 부분이라 할 수 있는 1930년대 이 땅의 모더니즘 시문학을 실제 창작 활동 면에서 주도하였던 거장 김광균에 대한 후학으로서의 최소한의 예의일 것이기 때문이다.

5. 문학사적 위상

|주 해|

1) 이병각, 「향수하는 소시민 — 김광균 〈와사등〉의 세계」, 『시학』, 1938. 10.
2) 김기림, 「30년대 탁미의 시단 동태」, 『시론』, 백양당, 1947. 11.
3) 백 철, 「모더니스트의 후예들」, 『신문학사조사』, 신구문화사, 1947(1992, 중판).
4) 조연현, 『한국 현대 문학사』, 인간사, 1961.
5) 정태용, 「김광균론」, 『현대문학』, 1970. 10.
6) 장윤익, 「1930년대 한국 모더니즘 시 연구」, 경북대 대학원, 1968; 『문학 이론의 현장』, 문학예술사, 1980 재수록.
7) 김은전, 「김광균론 (상), (하)」, 『심상』 45/47, 1977. 6/8.
8) 박철희, 『한국 시사 연구』, 일조각, 1982.
9) 문덕수, 「김광균론」, 『한국 모더니즘 시 연구』, 시문학사, 1981.
10) 김재홍, 「김광균 : 방법적 모더니즘과 서정적 진실」, 『한국 현대 시인 연구』, 일지사, 1986.
11) 박진환, 「김광균 시의 공간 구조 연구」, 『한국 현대 시인 연구』, 동백문화, 1990.
12) 김창원, 「김광균과 소멸의 시학」, 『한국 현대 시인론』, 1995. 3.
13) 이사라, 「김광균 시의 현상학적 연구」, 이화여대 대학원, 1980. 2.
14) 이재오, 「김광균 시의 주제 체계에 관한 연구」, 서울대 대학원, 1982. 2.
15) 박태일, 「한국 근대시의 공간 현상학적 연구」, 부산대 대학원, 1991. 2.
16) 김태진, 「김광균 시의 기호론적 연구」, 홍익대 대학원, 1993.
17) 김광균, 「동부 나까줄의 황혼」, 『추풍귀우』, 범양사출판부, 1986, 120쪽.
18) 김광균, 「개성역」, 『추풍귀우』, 범양사출판부, 1986, 121-122쪽.
19) 김광균, 「한성에 올라와」, 『추풍귀우』, 범양사출판부, 1986, 126-127쪽.
20) 같은 책, 128-129쪽.
21) 김광균, 「서문」, 『와우산』, 범양사출판부, 1985.
22) 김광균, 「문단과 지방」, 『와우산』, 범양사출판부, 1985, 50-51쪽.
23) 김광균, 「연예사 시대」, 『와우산』, 범양사출판부, 1985, 46-47쪽.
24) 김광균, 「풍물 일기」, 『와우산』, 범양사출판부, 1985, 38-39쪽.
25) 같은 책, 41-42쪽.
26) 김광균, 「오십년」, 『와우산』, 범양사출판부, 1985, 149쪽.

27) 김광균, 「30년대의 화가와 시인들」, 『와우산』, 범양사출판부, 1985, 171-172쪽.
28) 김광균, 「오십년」, 『와우산』, 범양사출판부, 1985, 149쪽.
29) 김광균, 「30년대의 화가와 시인들」, 『와우산』, 범양사출판부, 1985, 172쪽.
30) 김광균, 「문학 청년론」, 『와우산』, 범양사출판부, 1985, 78-79쪽.
31) 김광균, 「30년대의 화가와 시인들」, 『와우산』, 범양사출판부, 1985, 174쪽.
32) 정태용, 「김광균론」, 『한국 현대 시인 연구·기타』, 어문각, 1976, 216쪽.
33) 문덕수, 앞의 책, 261쪽.
34) 김재홍, 앞의 책, 250쪽.
35) 김춘수, 「기질적 이미지스트」, 구상·정한모 편, 『30년대의 모더니즘』, 범양사출판부, 1978, 10쪽.
36) 문덕수, 앞의 책, 286쪽.
37) 김창원, 앞의 책, 171쪽.
38) 김광균, 「서사」, 『추풍귀우』, 범양사출판부, 1986, 10쪽.
39) 유진 런, 『마르크시즘과 모더니즘』, 김병익 역, 문학과지성사, 1986, 45쪽.
40) 마테이 칼리니스쿠, 『모더니티의 다섯 얼굴』, 이영욱외 역, 시각과언어, 1993, 92쪽.
41) J. Maritain, *Eléments de Philosophie*, 1930, p. 1300; 김춘수, 「한국 현대시 형태론」, 『김춘수 전집』 2, 문장, 53-55쪽에서 재인용.
42) 김재근, 『이미지즘 연구』, 정음사, 1973, 26-27쪽에서 재인용.
43) 김광균, 「말리서사 주변」, 『와우산』, 범양사출판부, 1985, 164-165쪽.
44) 김광균, 「30년대의 화가와 시인들」, 『와우산』, 범양사출판부, 1985, 177쪽.
45) 양왕용, 「30년대 한국시의 연구」, 『어문학』 26, 한국어문학회, 1972, 26-27쪽; 문덕수, 앞의 책, 281쪽에서 재인용.
46) 조동민, 「김광균론」, 구상·정한모 편, 『30년대의 모더니즘』, 범양사출판부, 1978, 109-110쪽.
47) 백 철, 앞의 책, 307쪽.
48) 김기림, 「모더니즘의 역사적 위치」, 『김기림 전집』 2, 심설당, 1988, 56쪽.
49) 위의 글.
50) 김기림, 「시와 인식」, 『김기림 전집』 2, 심설당, 1988, 75-76쪽.
51) 김광균, 「박꽃」, 『추풍귀우』, 범양사출판부, 1986, 116-117쪽.
52) 김광균, 「나의 시론」, 『와우산』, 범양사출판부, 1985, 63쪽.
53) 김광균, 「함경선의 점묘」, 『와우산』, 범양사출판부, 1985, 22-23쪽.

54) 같은 책, 23쪽.
55) 김창원, 앞의 책, 173쪽.
56) 김광균, 「작가의 고향 — 꿈 속에 가보는 선죽교」, 『월간조선』, 1988. 3.
57) 김광균, 「풍물 일기」, 『와우산』, 범양사출판부, 1985, 43쪽.
58) 김광균, 「오십년」, 『와우산』, 범양사출판부, 1985, 149쪽.
59) 김광균, 「문학 청년론」, 『와우산』, 범양사출판부, 1985, 78쪽.
60) 김광균, 「나의 시론」, 『와우산』, 범양사출판부, 1985, 61쪽.
61) 김광균, 「시의 정신」, 『와우산』, 범양사출판부, 1985, 72쪽.
62) 김광균, 「나의 시론」, 『와우산』, 범양사출판부, 1985. 56쪽.
63) 김광균, 「전진과 반성」, 『와우산』, 범양사출판부, 1985, 84쪽.
64) 같은 책, 85-86쪽.
65) 김광균, 「나의 시론」, 『와우산』, 범양사출판부, 1985, 57쪽.
66) 김광균, 「시의 정신」, 『와우산』, 범양사출판부, 1985, 74쪽.
67) 김광균, 「나의 시론」, 『와우산』, 범양사출판부, 1985, 59-60쪽.
68) 같은 책, 60쪽.
69) 김은전, 「김광균의 시풍과 방법」, 구상·정한모 편, 『30년대의 모더니즘』, 범양사출판부, 1987, 170쪽.
70) 「신춘 문예 선후감」, ≪조선일보≫, 1938. 1. 8.
71) 김윤식, 「모더니즘의 한계」, 『한국 근대 작가론고』, 일지사, 1974, 101쪽.
72) 문덕수, 앞의 책, 261쪽.
73) 같은 책, 268쪽.
74) 이승훈, 「김광균의 〈와사등〉」, 『독서 광장』, 1994. 11.
    김재홍, 『한국 현대시 시어 사전』, 고려대출판부, 1997.
75) 박민수, 「〈와사등〉과 '차단한'의 의미」, 『한국 현대시의 리얼리즘과 모더니즘』, 국학자료원, 1996, 454쪽.
76) 조남익, 『한국 대표시 평설』, 장학사, 1980, 285쪽.
    박명용, 『한국 현대시 해석과 감상』, 정법문화사, 1986, 226쪽.
    정순진, 「김광균의 〈와사등〉」, 『한국 현대시 대표 작품 평설』, 국학자료원, 1998, 332쪽.
77) 김재홍, 앞의 책, 259쪽.
78) 서준섭, 앞의 책, 151쪽.
79) 김윤식·김 현, 『한국 문학사』, 민음사, 1981, 215쪽.

연보 및 연구 자료

1. 작가 연보

1914년(1세)   1월 19일 경기도 개성시 원종동 396번지에서 포목도매업을 하는 웅천(熊川) 김씨 창훈(金昌勳)과 청주(淸州) 한씨 순복(韓順福) 사이의 3남 3녀 중 장남으로 출생(김광균의 출생 연도에 대해서는 다소간의 의문점이 있다. 신춘 문예에 〈설야〉가 당선되었을 때(1938년도) ≪조선일보≫는 그의 약력란에 '26세, 1912년 개성산, 상업학교를 거쳐 현직 회사원'이라고 기록하고 있기 때문이다. 그러나 가족들은 분명히 그의 출생 연도를 1914년으로 확인한다).

1920(7세)   원종 제1 보통학교 입학.

1925(12세)   부친 48세의 일기로 뇌출혈로 사망. 이후 가세가 급속도로 기욺.

1926(13세)   ≪중외일보≫에 시 〈가신 누님〉 발표. 보통학교 졸업, 개성 송도상업학교 입학.

1931(18세)   김소엽, 현동염, 김재선, 최창진, 김영일 등과 등사판 동인지 『유성(流星)』 발간. 이 무렵에 일본 작가 이시카와 다꾸보꾸(石川啄木)의 감상적 작풍에 관심을 가지게 됨.

1932(19세)	송도상업학교 졸업
1933(20세)	경성고무공업주식회사 사원으로 입사하여 이 해 10월에 군산 공장으로 발령. 현지 근무 시작.
1935(22세)	함경남도 이원에 사는 김영은의 딸 선희(善姬 : 당 20세)와 결혼. 이후 신혼 초기에 잠시 서너 달 정도 고향인 개성에서 생활하다 군산으로 내려감. 개성에 거주할 무렵인 이 해 여름 서울의 낙랑다방에서 김기림과 첫 대면한 것으로 추정되며, 그의 영향 아래 시와 회화의 관계에 대해 본격적으로 몰입하기 시작함. 이 시기 자신의 관심과 관련하여 그는 후에 '급속히 회화의 바다에 표류하기 시작했다'라고 자술함. 다시 군산으로 내려간 이후로도 더욱 창작 활동에 매진함.
1936(23세)	용산에 있는 경성고무 본사로 발령. 한동안 다옥동에서 하숙 생활 시작. 이 시기를 전후하여 화가 김만형, 최재덕, 소설가 이봉구, 시인 오장환, 고향 친구인 김재선 등과 자주 어울림. 서정주, 오장환, 함형수, 김동리, 김달진, 여상현, 이성범 등과 더불어 『시인부락』 동인으로 참가함. 장남 영종(英鍾 : 현 KS 물산 대표) 출생.
1937(24세)	오장환, 신석초, 이육사, 김관, 이봉구 등과 『자오선』 동인으로 참가함.
1938(25세)	조선일보 신춘문예에 시 〈설야〉 당선됨. 경성고무 판매부장 직 사임, 퇴직. 퇴직금으로 1만원 가량을 수령. 이 돈으로 집안 빚을 청산함.
1939(26세)	제1시집 『와사등(瓦斯燈)』(남만서방)을 자비로 출판. 계동에 집을 마련하여 가족들을 서울로 불러옴. 이후 문필 활동에 힘씀. 동생 익균(益均), 종로에서 건설상회(무역회사인 건설실업공사의 전신) 창업. 장녀 영자(瑛子 : 현 여학사협회 회장) 출생.
1942(29세)	차녀 은영(銀英) 출생.
1943(30세)	차남 현종(賢鍾 : 현 극동벽지 대표) 출생.
1946(33세)	제1시집 『와사등』 재판(정음사) 발간.
1947(34세)	제2시집 『기항지(寄港地)』(정음사) 발간.
1948(35세)	삼남 승종(承鍾 : 재미, 사업) 출생.

1950(37세)	6·25 전쟁중 동생 익균이 북한 정치보위부 소속 공작원에 의해 체포됨. 이후 서대문 형무소를 거쳐 북으로 납북됨. 이후 시작 활동을 중단하고, 동생 사업체를 인수, 경영 시작.
1951(38세)	1·4 후퇴 때 부산으로 피신.
1957(44세)	제3시집 『황혼가(黃昏歌)』(산호장) 발간. 경운동으로 이사.
1959(46세)	제3시집과 같은 제호인 문단고별시집 『황혼가』를 간행한 후 실업계로 진출. 이후 국제 상위 한국위원회 감사. 한일경제특위 상임위원 등을 역임.
1960(47세)	제1시집 『와사등』 3판(산호장) 발간. 무역협회 부회장 취임.
1961(48세)	모친 사망. 경운동 집이 도시 계획으로 철거되게 되자 성북동으로 이사.
1977(64세)	시전집 『와사등』(근역서재) 발간. 전국경제인연합회 이사 취임.
1982(69세)	『현대문학』 3월호에 〈야반(夜半)〉 외 5편의 시를 발표하면서 중단했던 시작 활동을 재개함.
1984(71세)	건강 악화로 경영 일선에서 물러남. 이를 기화로 다시 문필 활동에 전념하게 됨. 한양로타리클럽 회장 취임.
1985(72세)	문집 『와우산(臥牛山)』(범양사출판부) 발간. 70세 이상 문단 원로 모임인 『회귀』 동인에 참여. 정비석, 구상, 최호진, 이한기, 이성범 등.
1986(73세)	제4시집 『추풍귀우(秋風鬼雨)』 발간
1988(75세)	뇌혈전증 증세로 한 때 서울대병원 입원. 이후 얼마간 회복되어 다시 활동 재개. 김기림기념사업회 회장을 맡음.
1989(76세)	은관문화훈장 수상. 춘천교구장인 장익 주교의 권유로 가톨릭에 입문. 이 해 9월 16일 명동성당에서 영세받음. 대부는 친구인 구상이 맡음. 제5시집 『임진화(壬辰花)』(범양사출판부) 출간.
1990(77세)	조카의 죽음을 모티브로 한 시 〈해변가의 무덤〉(1988년 작)으로 제2회 정지용 문학상 수상.
1993(80세)	11월 23일 사망. 그의 묘지는 모친의 묘소가 있는 경기도 고양군 신도면 지추리(현, 경기도 고양시 지축동 산 2번지)의 와우산 자락에 있음.

2. 작품 연보

▶ 시

〈가신 누님〉, ≪중외일보≫, 1926. 12. 24.
〈옛 생각〉, ≪조선일보≫, 1927. 11. 19.
〈한울〉, ≪동아일보≫, 1929. 10. 12.
〈경회루에서〉, ≪동아일보≫, 1929. 10. 14.
〈넷 동무〉, ≪동아일보≫, 1929. 10. 16.
〈병〉, ≪동아일보≫, 1929. 10. 19.
〈야경차〉, ≪동아일보≫, 1930. 1. 12.
〈실업자의 오월〉, 『대중공론』 제7호, 1930. 6.
〈소식〉 '우리들의 형님에게', 『음악과 시』 제1호, 1930. 8.
〈창백한 구도〉, ≪조선중앙일보≫, 1933. 7. 22.
〈해안과 낙엽〉, ≪동아일보≫, 1933. 11. 9.
〈그・날・밤 당신은 차를 타고〉, ≪조선중앙일보≫, 1934. 2. 8.
〈파도 있는 해안에 서서〉, ≪조선중앙일보≫, 1934. 3. 12.
〈어두워 오는 영창에 기대어— 삼월에 쓰는 편지〉, ≪조선중앙일보≫, 1934. 3. 28.
〈풍경화〉 'No. 1 호반에서', ≪조선중앙일보≫, 1934. 12. 9.
〈부두〉, ≪동아일보≫, 1934. 7. 25.
〈여름〉, ≪동아일보≫, 1934. 7. 25.
〈풍금과 계절〉, ≪조선중앙일보≫, 1935. 4. 8.
〈황혼보〉, ≪조선중앙일보≫, 1935. 4. 19.
〈사향도(상)〉 '정거장, 목가, 교사의 호우', ≪조선중앙일보≫, 1935. 4. 24.
〈사향도(하)〉 '동무의 무덤, 언덕', ≪조선중앙일보≫, 1935. 4. 26.
〈오후의 구도(構圖)〉, ≪조선중앙일보≫, 1935. 5. 1.
〈석고의 기억〉, ≪조선중앙일보≫, 1935. 7. 3.
〈고도의 기억〉, 『조선문단』, 1935. 7.
〈외인촌의 기억[외인촌]〉, ≪조선중앙일보≫, 1935. 8. 6.
〈해바라기의 감상(感傷)〉, ≪조선중앙일보≫, 1935. 9. 13.
〈사항(思航)〉, ≪조선중앙일보≫, 1935. 9. 13.

〈벽화(壁畵)〉'정원, 방랑의 일기에서, 고독한 판도, 해변에 서서, 남촌의 기억[남촌]',《조선중앙일보》, 1935. 9. 26.
〈창백한 산보〉,《조선중앙일보》, 1935. 11. 22.
〈향수의 의장(意匠)〉'황혼에 서서, 감상적인 묘지, 동화적인 풍경[동화]',《조선중앙일보》, 1936. 1. 16.
〈고궁비〉,《조선중앙일보》, 1936. 2. 3.
〈지등(紙燈)〉'창, 북청(北靑) 가까운 풍경, 성호(星湖)의 인상',《조선중앙일보》, 1936. 2. 29.
〈이원(利原)의 기억(상)〉'송단역, 학사대의 오후',《조선중앙일보》, 1936. 4. 9.
〈이원의 기억(하)〉'산맥과 들, 정월 구일',《조선중앙일보》, 1936. 4. 10.
〈산상정(山上町)〉,《조선중앙일보》, 1936. 4. 14.
〈장미와 낙엽[빙화]〉,《조선일보》, 1937. 1. 28.
〈황혼화도[가로수]〉,『풍림』제 2 호, 1937. 1.
〈SEA BREEZE〉,『풍림』제 3 호, 1937. 2.
〈강협(江陜)과 나발〉,『풍림』제 4 호, 1937. 3.
〈화속화장(花束化粧)〉,『풍림』제 6 호, 1937. 5.
〈월광곡[정거장]〉,『조광』, 1937. 5.
〈밤비와 보석[밤비]〉,《조선일보》, 1937. 5. 9.
〈성호부근(星湖附近)〉,《조선일보》, 1937. 6. 4.
〈대화〉'경애의 영전에 준다',『자오선』제 1 호, 1937. 11.
〈다방〉,《조선일보》, 1937.
〈설야〉,《조선일보》, 1938. 1. 8.
〈공지(空地)〉,『비판』, 1938. 5.
〈와사등〉,《조선일보》, 1938. 6. 3.
〈풍경〉,『비판』, 1938. 7.
〈광장〉,『비판』, 1938. 9.
〈소년〉,『비판』, 1938. 9.
〈흰구름에 부치는 시[고향]〉,『여성』, 1939. 1.
〈등〉,『비판』, 1939. 2.
〈정원〉,『비판』, 1939. 2.
〈공원[환등]〉,『시학』제 1 집, 1939. 7.

〈뎃상〉, ≪조선일보≫, 1939. 7. 9
〈조화〉 '경애에게', 『시학』 제 4 집, 1939. 10.
〈소야(小夜)〉, 『시학』 제 4 집, 1939. 10.
〈도심지대〉, 『인문평론』 제 3 호, 1939. 12.
〈소년사모〉, 시집 『와사등』 수록, 1939.
〈신촌(新村)서〉, 시집 『와사등』 수록, 1939.
〈향수〉, ≪조선일보≫, 1940. 4. 1.
〈눈 오는 밤의 시(詩)〉, 『여성』, 1940. 5.
〈추일서정(秋日抒情)〉, 『인문평론』 제 10 호, 1940. 7.
〈백화점〉, ≪조선일보≫, 1940. 8. 8.
〈황량(취적벌)〉, 『문장』, 1940. 9.
〈수철리(水鐵里)〉, 『인문평론』 제 14 호, 1941. 1.
〈장곡천정에 오는 눈〉, 『문장』, 1941. 3.
〈단장(短章)〉, 『춘추』, 1941. 5.
〈야차(夜車)〉, 『조광』, 1942. 1.
〈대낮〉, 『조광』, 1942. 1.
〈일모(日暮)〉, 『춘추』, 1942. 5.
〈비(碑)〉, 『춘추』, 1942. 6.
〈녹동(綠洞)묘지에서〉, 『조광』, 1943. 12.
〈반가(反歌)〉, 『조광』, 1943. 12.
〈날개〉, 해방기념시집, 1945. 12.
〈상여를 보내며〉, 『학병』 제 2 호, 1946. 1.
〈영미교(永美橋)〉, 『신문학』 제 3 호, 1946. 2.
〈복사꽃과 제비〉, ≪서울신문≫, 1946. 5. 5.
〈은수저〉, 『문학』 제 1 호, 1946. 8.
〈노신(魯迅)〉, 『신천지』 제 2 권 3호, 1947. 4.
〈망우리〉, 시집 『기항지』 수록, 1947. 5.
〈비풍가(悲風歌)〉, 『민성』 제 13 호, 1947. 6.
〈상여를 쫓으며〉, ≪우리신문≫, 1947. 8. 3.
〈뻐꾹새〉, 『신교육건설』 제 2 호, 1947. 10.
〈시(詩)를 쓴다는 것이 이미 부질없고나〉, 『신천지』 제 2 권 9호, 1947. 10.

〈황혼가(黃昏歌)〉, 《새한민보》 제 5 호, 1947. 8.
〈비량신년(悲涼新年)〉, 《자유신문》, 1948. 1. 1.
〈기적(汽笛)〉, 《신민타임스》, 1948. 2. 11.
〈승용마차〉, 《서울신문》, 1948. 1. 27.
〈영도다리〉, 출처 미상, 1951.
〈UN군 묘지에서〉, UN화보지, 1952.
〈화투〉, 출처 미상, 1956.
〈미군장병에게 주는 시〉, 시집『황혼가』수록, 1957.
〈구의리(九宜里)〉, 시집『황혼가』수록, 1957.
〈추석날 바닷가에서〉, 시집『황혼가』수록, 1957.
〈안방〉, 《한국일보》, 1967. 11. 25.
〈제당(霽堂)이 가시다니〉,『현대문학』, 1968. 11.
〈목련〉,『세계의 문학』, 1976. 겨울호.
〈황혼〉,『세계의 문학』, 1976. 겨울호.
〈야반(夜半)〉,『현대문학』, 1984. 3.
〈성북동〉,『현대문학』, 1984. 3.
〈목상(木像)〉,『현대문학』, 1984. 3.
〈안성에서〉,『현대문학』, 1984. 3.
〈소곡〉,『현대문학』, 1984. 3.
〈한려수도〉,『현대문학』, 1984. 3.
〈미신자[불신자]의 노래〉, 《한국일보》, 1984. 5. 8.
〈학수(學秀)〉,『문학사상』, 1984. 7.
〈수반(水盤)의 시〉,『문학사상』, 1984. 7.
〈입추가〉,『금융』(전국은행협회), 1984. 12.
〈최순우씨〉,『월간 조선』, 1985. 2.
〈양석성군 장례식날 밤에 쓴 시〉, 《한국일보》, 1985. 6. 2.
〈안개의 노래〉,『회귀』제 1 집, 1985. 6.
〈점심〉,『회귀』제 1 집, 1985. 6.
〈다시 목련〉,『회귀』제 1 집, 1985. 6.
〈산정호수〉,『회귀』제 1 집, 1985. 6.
〈자규루〉,『회귀』제 1 집, 1985. 6.

〈수의〉,『동서문학』, 1985. 11.
〈삼월이 온다〉,『월간 조선』, 1986. 5.
〈회귀에의 헌시〉,『회귀』제 2 집, 1986. 6.
〈목련나무 옆에서〉,『회귀』제 2 집, 1986. 6.
〈혼우(昏雨)〉,『회귀』제 2 집, 1986. 6.
〈오월의 꽃〉,『회귀』제 2 집, 1986. 6.
〈중앙청 부근〉,『회귀』제 2 집, 1986. 6.
〈금동불이(金銅佛耳)〉,『회귀』제 2 집, 1986. 6.
〈황진(黃塵)·1〉,『회귀』제 2 집, 1986. 6.
〈황진·2〉,『회귀』제 2 집, 1986. 6.
〈금가(琴歌)〉,『회귀』제 2 집, 1986. 6.
〈사막도시〉,『문학사상』, 1986. 7.
〈독서〉,『문학사상』, 1986. 7.
〈경복궁 담에 기대어〉'중앙박물관 이사가는 날',≪박물관 신문≫, 1986. 8. 21.
〈뻐꾸기〉,『문학정신』, 1986. 12.
〈임진화〉,『문학정신』, 1986. 12.
〈우수의 날〉,『문학정신』, 1986. 12.
〈황접(黃蝶)〉,『문학정신』, 1986. 12.
〈편지 — 박재륜에게〉,『소설문학』, 1987. 1.
〈추일서정〉,『한국문학』, 1987. 2.
〈일기〉,『문학사상』, 1987. 4.
〈흑설(黑雪)〉,『동서문학』, 1987. 5.
〈유원지〉,『회귀』제 3 집, 1987. 6.
〈오월화〉,『회귀』제 3 집, 1987. 6.
〈구역질〉,『회귀』제 3 집, 1987. 6.
〈장(墻)〉,『회귀』제 3 집, 1987. 6.
〈폐원(廢園)〉,『월간 에세이』, 1987. 7.
〈뉴욕(紐育)서 들려온 소식〉,≪조선일보≫, 1987. 10.
〈십일월의 노래〉,『문학정신』, 1988. 5.
〈기이한 신사〉,『문학정신』, 1988. 5.
〈산·1〉,『회귀』제 4 집, 1988. 6.

〈산·2〉,『회귀』제4집, 1988. 6.
〈산·3〉,『회귀』제4집, 1988. 6.
〈입추화〉,『회귀』제4집, 1988. 6.
〈해변가의 무덤〉,『회귀』제4집, 1988. 6.
〈무료일일(無聊日日)〉,『회귀』제5집, 1989. 6.
〈우수송(右手頌)〉,『회귀』제5집, 1989. 6.
〈한화(寒花)〉,『회귀』제5집, 1989. 6.
〈수풀가에서〉,『월간 현대시』, 1990. 2.

▶ 수 필
〈함경선의 점묘 — 소박한 나의 여정기〉, ≪조선중앙일보≫, 1935. 3.
〈서간〉,『조선문단』, 1935. 5.
〈서선산보〉,『고려시보』, 1936. 7.
〈연예사 시대〉,『고려시보』, 1936. 12.
〈인생의 애도〉,『풍림』제2호, 1937. 1.
〈풍물일기〉,『고려시보』, 1937. 2. 1.
〈문학청년론〉,『인문평론』, 1947. 1. 5.
〈가을에 생각나는 사람, 김소월〉,『민성』, 1947. 11.
〈추야장(秋夜長)〉,『문예』제4호, 1949. 11. 1.
〈시와 상업〉, 출처 미상, 1964. 6.
〈예술가 사태〉, ≪서울경제신문≫, 1979. 1. 25.
〈우두고(雨杜考)〉, ≪한양로타리클럽주보≫, 1979. 9. 3.
〈한철이……〉, ≪경향신문≫, 1980. 4. 29.
〈퇴행성 인생〉, ≪경향신문≫, 1980. 9. 6.
〈화가·화상·화족〉, ≪경향신문≫, 1980. 9. 13~10. 3.
〈로타리 송가고〉, ≪한양로타리클럽주보≫, 날짜 미상.
〈오십년〉,『월간 조선』, 1981. 5.
〈말리서사 주변〉, 시집『세월이 가면』수록, 1982. 1. 5.
〈년년세세〉, ≪한양로타리클럽주보≫, 1983. 12. 15.
〈작가의 고향 — 꿈 속에 가보는 선죽교〉,『월간조선』, 1988. 3.

▶ 평론

「시단의 현상과 희망 ; 경향파와 모더니즘・이 시대의 정신・씸볼리즘 동인지(대담)」, ≪조선일보≫, 1928. 1. 1~3(연재).
「작가 연구의 전기 ; 신예 작가의 소묘」, ≪조선중앙일보≫, 1934. 5. 2~9(연재).
「금단의 과실 — 김기림론」, 『풍림』 제 5 호, 1937. 4.
「헌사 = 오장환 시집」, 『문장』, 1939. 9.
「나의 시론 — 서정시의 문제」, 『인문평론』, 1940.
「노신의 문학 입장」, ≪예술신문≫, 1946.
「문학의 위기」, 『신천지』, 1946. 12.
「시의 정신 — 회귀와 전망을 대신하여」, ≪경향신문≫, 1947. 1. 15.
「전진과 반성 — 시와 시형에 대하여」, ≪경향신문≫, 1947. 7. 20 / 8. 3.
「30년대의 시운동」, ≪경향신문≫, 1948. 2. 29 / 3. 28.
「삼십년대의 화가와 시인들」, 『계간미술』 제 23 호, 1982. 가을호.

▶ 시 평

「문단과 지방」, ≪조선중앙일보≫, 1934. 3. 4~5(연재).
「백상 삼십년 — 백상 장기영 선생 일주기에 붙여」, ≪서울경제신문≫, 1978. 4. 11.
「내수 산업의 혁명」, ≪한국경제신문≫, 1981. 7. 26.
「현암 사후에」, ≪한양로타리클럽주보≫, 1981. 12. 7.
「이중섭을 욕보이지 말라」, ≪경향신문≫, 1985. 6. 8.

▶ 기 타

소설 / 〈조가〉, ≪조선중앙일보≫, 1935. 5. 7~24(연재).
설문 / 「시단인의 동인지관」, 『시학』 제 1 집, 1939. 7.
좌담 / 「대외 경협의 새 전기 : 加・미주 방문 경협 사절단 귀국 보고를 중심으로」, 『전경련』, 1981. 6.

3. 연구자료(1938~1999)

이병각, 「향수하는 소시민 : 김광균 〈와사등〉의 세계」, 『시학』, 1938. 10.
임 화, 「시단의 신세대 : 교체되는 시대 조류」, 《조선일보》, 1939. 8. 18~8. 26
김기림, 「시단의 동태」, 『인문평론』, 1939. 12.
김동석, 「시단의 제3당 : 김광균의 〈시단의 두 산맥〉을 읽고」, 《경향신문》, 1946. 12. 5.
김동석, 「시인의 위기」, 《문화일보》, 1947. 4.
박남수, 「김광균 〈황혼가〉」, 『현대시』, 1958. 8.
이봉구, 「문학과 우정의 모사 : 김광균 시집 『황혼가』를 읽고」, 『현대문학』, 1958. 1.
이원구, 「시의 시각 표상 연구」, 『공주사대논문집』 2, 공주사범대학, 1964.
이인섭, 「김소월과 김광균 시에 대한 문체론적 고찰」, 서울대 대학원, 1967.
김상태, 「시적 언어의 의미론적 연구 : 이상과 광균을 중심으로」, 서울대 대학원, 1967.
장윤익, 「1930년대 한국 모더니즘 시 연구」, 경북대 대학원, 1968.
한계전, 「김광균의 시적 변형고 : 전후기 시의 구분」, 『국어교육』 2, 1969.
윤홍로, 「공감각 은유의 구조성」, 『국어국문학』 49·50 합병호, 1970. 9.
정태용, 「김광균론」, 『현대문학』, 1970. 10.
이승훈, 「김광균의 시세계」, 『현대시학』, 1972. 9.
김상태, 「김광균와 이상의 시 그 대비적 고찰」, 『논문집』 14, 전북대학교, 1972.
김해성, 「김광균론」, 『한국 현대시인론』, 금강출판사, 1973.
신명석, 「한국 시에 나타난 모더니즘 연구」, 『수련어문』 1, 부산여자대학교, 1973.
김윤식, 「모더니즘 시 운동 양상」, 『한국현대시론비판』, 일지사, 1975.
박철석, 「한국의 시와 밤의 인식」, 『수련어문』 3, 부산여자대학교, 1975.
김종철, 「30년대의 시인들」, 『문학과지성』, 1975. 봄.
이인섭, 「김소월과 김광균 시의 문체 연구」, 『월간문학』, 1976. 8.
신익호, 「김광균 시 연구」, 『숭전어문학』 5, 숭전대학교, 1976.
이명자, 「김광균의 공간 분석」, 『심상』, 1976. 8.

김준학, 「김광균론 : 시집 『와사등』을 중심으로」, 동아대 대학원, 1977.
서준섭, 「1930년대 한국 모더니즘 연구」, 서울대 대학원, 1977.
김규동, 「근대 정신과 〈와사등〉의 위치 : 김광균 소론」, 『와사등』, 근역서재, 1977.
김은전, 「김광균론 (상), (하)」, 『심상』, 45 / 47, 1977. 6 / 8.
김규동, 「김광균의 풍모」, 『현대시학』, 1978. 9.
조동민, 「김광균론」, 『현대문학』, 1978. 7.
임효순, 「김광균론」, 『명지어문학』 10, 1978.
박진환, 「고독한 낭인 : 〈와사등〉을 중심으로」, 『현대시학』, 1978. 1.
김춘수, 「기질적 모더니스트 : 〈와사등〉」, 『심상』, 1978. 11.
이사라, 「김광균 시의 현상학적 연구」, 이화여대 대학원, 1979.
김배홍, 「김광균 시의 이미지 연구」, 충남대 대학원, 1980.
조병춘, 「모더니즘 시의 기수들」, 『한국현대시사』, 집문당, 1980.
이사라, 「김광균 시의 현상학적 연구」, 이화여대 대학원, 1980.
장윤익, 「한국적 이미지즘의 특성」, 『문학 이론의 현장』, 문학예술사, 1980.
조병춘, 「한국의 모더니스트」, 『태능어문』 1, 서울여자대학교, 1980.
김홍배, 「김광균 시의 이미지 연구」, 충남대 대학원, 1980. 1
박철석, 「김광균론」, 『현대시학』, 1980. 2.
문덕수, 「김광균론」, 『한국 모더니즘 시 연구』, 시문학사, 1981.
서준섭, 「김광균의 〈추일서정〉」, 『한국 현대시 작품론』, 문장사, 1981.
박호영, 「김광균의 〈와사등〉」, 『한국 현대시 작품론』, 문장사, 1981.
박철석, 「김광균론」, 『한국현대시인론』, 학문사, 1981.
송하선, 「김광균」, 『한국 현대시 이해』, 금화출판사, 1981.
신은경, 「김영랑과 김광균 시를 통해 본 1930년대 시의 두 방향」, 한국정신문화연구원 대학원, 1982.
하효곤, 「김광균 시의 이미지고 : 바슐라르의 상상력을 중심으로」, 동아대 대학원, 1982. 2.
박철희, 「김광균·장만영론」, 『서정과 인식』, 이우출판사, 1982.
――――, 「실향 시대의 시인」, 『김광균·장만영』, 지식산업사, 1982.
이유식, 「김광균론 : 김광균 시의 플롯 구조 원리」, 『시문학』, 1982. 7.
이재오, 「김광균 시의 주제 체계에 관한 연구」, 서울대 대학원, 1982.

김재홍, 「모더니즘과 1930년대의 시」, 『한국 문학 연구 입문』, 지식산업사, 1982.
이경애, 「김광균론」, 『어문학연구』 2, 전북대학교 국어국문학과, 1982. 2.
장기주, 「은유의 의미론과 해석 : 김광균 시를 중심으로」, 서강대 대학원, 1982. 2.
박철희, 「감정의 풍경화」, 『한국 시사 연구』, 일조각, 1982.
이재오, 「김광균 시에 나타난 죽음의 이미지」, 『심상』, 7/8, 1982. 7/8
이경애, 「김광균론」, 전북대 대학원, 1983.
이건청, 「'떠남'과 '등불'의 이미저리 : 김광균의 〈와사등〉」, 『한국대표시평설』, 문학세계사, 1983.
예창해, 「김광균의 시적 지향과 그 성과」, 『비교문학』, 한국비교문학회, 1983.
장기주, 「김광균 시의 해석 — 주제와 표현, 구조론을 중심으로」, 『목원어문학』, 1983. 2.
이사라, 「김광균·윤동주 시의 상상적 질서 : '눈 오는 밤의 시'와 '눈 오는 지도'의 구조 분석」, 『이화어문논집』 6, 이화여대 국어국문학과, 1983. 10.
이기서, 「1930년대 한국시의 의식 구조 연구 : 세계 상실과 그 변이 과정을 중심으로」, 고려대 대학원, 1983.
조동민, 「김광균 시의 모더니티」, 김용직 외, 『한국현대시사연구』, 일지사, 1983.
이영희, 「김광균론」, 『호서대학논문집』, 1983.
김봉군, 「김광균론」, 『한국현대작가론』, 민지사, 1984.
장현경, 「김광균론」, 동아대 대학원, 1984.
김정혜, 「김광균 시의 비교문학적 연구」, 국민대 대학원, 1984.
허형만, 「김광균론 — 색채 의식 표현을 중심으로」, 『표현』, 1984. 3.
김재홍, 「김광균의 시」, 『한국 현대시 형성론』, 인하대출판부, 1985.
박호영·이숭원, 「김동명과 김광균의 시의식」, 『한국 시문학의 비평적 탐구』, 삼지원, 1985.
김재홍, 「김광균, 불연속적 세계관과 서정적 진실」, 『소설문학』, 1985. 12.
원명수, 「한국 모더니즘 시에 나타난 소외 의식과 불안 의식 연구」, 중앙대 대학원 박사학위논문, 1985. 2.
이추하, 「한국 모더니즘과 김광균」, 동국대 대학원, 1986.
김재홍, 「김광균 : 방법적 모더니즘과 서정적 진실」, 『한국 현대 시인 연구』, 일지사, 1986.

박태일, 「김광균 시의 회화적 공간과 그 조형성」, 『국어국문학』 23, 부산대 국어국문학과, 1986.
김사림, 「조형미의 탐구―김광균의 시화를 중심으로」, 『시문학』, 1986. 3.
김두수, 「김광균의 시의식 고찰」, 조선대 대학원, 1987.
구　상·정한모 편, 『30년대의 모더니즘: 김광균 시 연구 논문집』, 범양사출판부, 1987.
박태일, 「김광균과 백석 시에 나타난 친족 체험」, 『경남어문논집』 1, 경남대 국어국문학과, 1988.
이건청, 「모더니즘 시의 성과와 한계: 김광균을 중심으로」, 『동양문학』, 1988. 11.
조석구, 「김광균 시 연구」, 단국대 대학원, 1988.
김현자, 「김광균: 〈오후의 구도〉」, 『한국 현대시 작품 연구』, 민음사, 1988.
송기태, 「김광균론」, 『한국 현대 시인 연구』, 태학사, 1989.
이경호, 「도시 서정시의 출발과 그 한계: 김광균의 시세계」, 『현대시학』, 1989. 7.
이무섭, 「김광균론」, 강원대 대학원, 1990.
김원배, 「한국 이미지즘 시 연구―이장희, 정지용, 김광균을 중심으로」, 인천대 대학원, 1990
정의홍, 「생명 상실의 감상적 공간: 김광균의 〈추일서정〉」, 『문학과비평』, 1990. 6.
정창섭, 「시집 『와사등』 연구」, 한양대 대학원, 1990.
홍성순, 「김광균 시의 이원적 구조」, 경기대 대학원, 1990.
허영자, 「김광균 시에 있어서의 눈의 심상」, 『성신어문학』 3, 성신여대 국어국문학과, 1990.
김태진, 「김광균 시 연구」, 홍익대 대학원, 1990.
설옥희, 「김광균론」, 전남대 대학원, 1991.
박노균, 「정지용과 김광균의 이미지즘 시」, 『개신어문연구』, 1991.
박태일, 「한국 근대시의 공간 현상학적 연구」, 부산대 대학원 박사학위논문, 1991. 2.
─── , 「김광균 시에 대한 새로운 읽기」, 『와사등』, 미래사, 1991.
김정혜, 「김광균 시 연구」, 경남대 대학원, 1991.

김용직, 「식물성 도시 감각의 세계 : 김광균론」, 『현대시』, 1992. 5.
윤순관, 「김광균 시의 감상성 연구」, 호남대 대학원, 1992.
김태진, 「김광균 시의 기호론적 연구」, 홍익대 대학원 박사학위논문, 1993.
박영환, 「〈설야〉의 시문법적 분석」, 『한남어문학』 19, 한남대학교 국어국문학과, 1993.
어진숙, 「김광균 시의 전통성 연구」, 『청람어문학』, 청람어문학회, 1993.
구 상, 「전일적 삶을 살다간 덕인 — 김광균 형을 산에 묻고」, 《조선일보》, 1993. 11. 30.
장병천, 「김광균 시의 내적 심상에 관한 연구」, 공주대 대학원, 1994.
어진숙, 「김광균 시 연구」, 교원대 대학원, 1994.
선홍기, 「김광균 시 연구」, 고려대 대학원, 1994.
한영옥, 「이 땅의 이미지스트 : 김광균의 시세계」, 『현대시학』, 1994. 1.
이승훈, 「김광균의 〈와사등〉」, 『독서광장』, 1994. 11.
이숭원, 「모더니즘과 김광균 시의 위상」, 『현대시학』, 1994. 1.
김준성, 「우두 김광균 시인과의 교유」, 『문학사상』, 1994. 1.
김만성, 「김광균론」, 충남대 대학원, 1994.
김 훈, 「한국 모더니즘 시의 분석적 연구 : 김광균의 구조」, 『어문연구』, 한국어문교육연구회, 1995.
김태진, 「김광균 시에 나타난 색채어 이미지 연구」, 『홍익어문』, 1995.
김진아, 「김광균 시의 물 이미지 고찰」, 조선대 대학원, 1995.
윤대관, 「김광균 시 연구」, 조선대 대학원, 1995.
김영순, 「김광균 시 연구」, 호남대 대학원, 1995.
김창원, 「김광균과 소멸의 시학」, 김은전·이숭원 편, 『한국 현대 시인론』, 1995. 3.
박민수, 「〈와사등〉과 '차단한'의 의미」, 『현대사상』, 1995. 봄.
권오욱, 「김광균 시의 회화성 연구」, 『명지어문학』 22, 명지대학교 국어국문학과, 1995.
김난숙, 「김광균론」, 경기대 대학원, 1995.
정문경, 「김광균 시의 이미저리 연구」, 전북대 대학원, 1996.
김태진, 『김광균 시와 김조규 시의 비교 연구』, 보고사, 1996.
유성호, 「김광균의 초기 시 연구」, 『문학과의식』, 1996. 6.

이숭원, 「1930년대 시의 새로운 단면」, 『한국 현대시 감상론』, 집문당, 1996.
김광수, 「김광균 시 연구」, 세종대 대학원, 1996.
김영대, 「김광균 시 연구」, 성균관대 대학원, 1997.
한상철, 「김광균 시에 나타난 영화적 요소의 고찰」, 『어문연구』 29, 1997.
정문선, 「김광균 시 연구」, 서강대 대학원, 1997.
손문수, 「김광균 시 연구」, 인천대 대학원, 1997.
오범식, 「김광균 시 연구」, 국민대 대학원, 1997.
김은희, 「김광균 시 연구」, 연세대 대학원, 1998.
이명찬, 「김광균론」, 『한성어문학』 17, 한성대학교 국어국문학과, 1998.
최은지, 「김광균 시의 의미 구조 연구」, 중앙대 대학원, 1998.
이문걸, 「한국 현대시의 기호학적 연구 : 김광균을 중심으로」, 『동남어문논집』, 1998. 8.
박정규, 「김광균 시 연구」, 창원대 대학원, 1998.
정순진, 「김광균의 와사등」, 『한국 현대시 대표 작품 연구』, 국학자료원, 1998. 11.
박태일, 「김광균 시의 중심 상실과 중천의 서정」, 『한국 근대시의 공간과 장소』, 1999.
조영복, 「모더니즘 시의 '현실'과 그 기호적 맥락」, 『한국 현대시와 언어의 풍경』, 태학사, 1999.
권오욱, 「김광균 시의 기호론적 연구」, 명지대 대학원 박사학위논문, 1999.
김명옥, 「김광균 시 연구」, 교원대 대학원 박사학위논문, 1999.
유성호, 「이미지즘 시학의 방법적 수용과 그 굴절」, 조정래 외, 『1930년대 한국 모더니즘 작가 연구』, 평민사, 1999.

세계 작가 탐구 〔한국편〕

김 우 진 〔001〕

수산 김우진 하면 '윤심덕과 연애 끝에 동반자 살한 호남 부호의 아들' 정도로 인식하는 것이 고작이었다. 그러나 과연 수산은 시대를 망각한 유한청년이었고, 그들의 연애는 사회를 망각한 낭만주의 사랑이었던가?

서연호 저/신국판/188면/6,000원

황 순 원 〔002〕

한국 현대문학사의 중심에서 영욕의 세월을 묵묵히 지켜보아 온 선비 작가 황순원. 그의 문단 데뷔 후 오늘에 이르기까지의 70년 창작 생활의 고고한 문학가의 외길을 되짚어 보고, 그의 작품의 개괄적인 분석을 통한 작가 정신을 엿볼 수 있다.

송현호 저/신국판/170면/6,000원

유 치 환 〔003〕

시는 인간을 더욱 인간답게 하고 사물을 더욱 사물답게 하는 우주의 정신. 특히 청마의 그것처럼 깊은 사색과 통렬한 자기 성찰로 쓰여진 시라면 두말할 나위가 없다. 사랑·생명·사회에 관한 그의 시를 통해 이 시대의 우리들의 모습을 찾을 수 있지 않을까.

오세영 저/신국판/240면/8,000원

신 석 정 〔004〕

우리 근대 시문학사에서 순수 서정시의 이론과 실제를 보여주었던 『시문학』 동인으로 이들의 지향과 비슷한 시를 썼던 신석정. 일제 강점기 말기에는 암울한 민족의 현실을 슬픈 눈으로 바라보던 신석정. 해방 이후 현대사의 질곡 속에서 생활의 시를 썼던 신석정. 1960년대 이후에는 독재 정권에 맞서 지조와 비판 정신을 강조하던 신석정. 이것이 신석정의 삶이었고, 문학이었다.

윤여탁 저/신국판/144면/6,000원

노 천 명 〔005〕

사슴처럼 고고했던 노천명의 자존의 일생은 생의 참담한 고비를 넘기면서도 서정의 절도를 잃지 않는 여성시로서는 보기 드문 절제의 미학을 수립한 선구적 여성 시인의 영광을 보이기도 했지만, 남성 중심의 사회 속에서 풍문과 선입견과 편견의 피해를 입은 여성 문인으로서의 취약성을 보이기도 했다. 미모의 독신 여성이라는 점, 성격이 깔끔하고 6·25전쟁중 부역 활동을 했다는 점 등이 사회적 편견과 냉대의 근거로 작용하였던 노천명 문학을 바야흐로 이 시대에는 그 어떠한 풍문이나 선입견에도 얽매이지 않고 올바로 이해하려는 자세로 접근해 가야 할 것이다.

이숭원 저/신국판/178면/6,000원

박 인 환 〔006〕

1950년대 한국 문학사의 뒤안길에서 숱한 화제와 풍문들을 뿌려 한국 문학의 신화를 잉태했던 박인환, 그의 삶 자체가 하나의 전설이고 문학적 허구였다.

명동 백작, 문단의 게릴라, 앙팡 테리블······. 박인환에게 따라다니는 수식어들 속에 숨어 있는 그의 전설과 문학의 비밀을 파헤쳐서 박인환이 진정 꿈꿨던 이카로스의 정체성을 밝혀 보고자 이 책은 그의 삶과 문학을 충실하게 복원코자 했다.

김영철 저/신국판/218면/7,000원

김 광 균 〔007〕

1930년대 한국 모더니즘 시라는 거시적인 테두리 내에서 조망해 볼 때 김광균이 차지하는 위상은 절대적이며 확고부동한 것인 만큼 그가 남긴 발자취는 구인회 회원인 시인 김기림, 정지용, 그리고 이상 등의 이름과 더불어 영원히 기억되어야 할 것이다. 그런 자세야말로 우리 현대 문학사의 가장 빛나는 순금 부분이라 할 수 있는 1930년대 이 땅의 모더니즘 시문학을 실제 창작 활동 면에서 주도하였던 거장 김광균에 대한 후학으로서의 최소한의 예의일 것이기 때문이다.

김유중 저/신국판/186면/6,000원

한 용 운 〔008〕

21세기 아시아의 새로운 황금시대에 한국이 그 주인공이 될 것인가 아닌가는 이제 전적으로 우리 모두의 선택에 달려 있다. 한용운은 비록 식민지하의 조선이라는 최악의 시대를 살다 갔지만 그는 민족 정신사의 황금 부분을 꽃피우고 갔다. 혁명에 실패한 그가 좌절의 아픔도 사랑의 노래로 승화시켜 그 아우라가 찬연하다.

 이제 다음 세대에게 그리고 그 다음 세대에게 새로운 임무가 주어진 것이다. 이 책이 그렇게 이어갈 오늘의 세대에게 조금이나마 새로운 자기 각성의 계기가 되었으면 하는 것이 조그만 바람이다.

최동호 저/신국판/242면/8,000원